# Mathématiques financières

## Cours d'initiation et exercices corrigés

# Collection « L'esprit économique »

fondée par Sophie Boutillier et Dimitri Uzunidis en 1996
dirigée par Sophie Boutillier, Blandine Laperche, Dimitri Uzunidis

Si l'apparence des choses se confondait avec leur réalité, toute réflexion, toute Science, toute recherche serait superflue. La collection « L'esprit économique » soulève le débat, textes et images à l'appui, sur la face cachée économique des faits sociaux : rapports de pouvoir, de production et d'échange, innovations organisationnelles, technologiques et financières, espaces globaux et microéconomiques de valorisation et de profit, pensées critiques et novatrices sur le monde en mouvement...
Ces ouvrages s'adressent aux étudiants, aux enseignants, aux chercheurs en sciences économiques, politiques, sociales, juridiques et de gestion, ainsi qu'aux experts d'entreprise et d'administration des institutions.

La collection est divisée en six séries :

Dans la série *Economie et Innovation* sont publiés des ouvrages d'économie industrielle, financière et du travail et de sociologie économique qui mettent l'accent sur les transformations économiques et sociales suite à l'introduction de nouvelles techniques et méthodes de production. L'innovation se confond avec la nouveauté marchande et touche le cœur même des rapports sociaux et de leurs représentations institutionnelles.

La série *Economie formelle* a pour objectif de promouvoir l'analyse des faits économiques contemporains en s'appuyant sur les approches critiques de l'économie telle qu'elle est enseignée et normalisée mondialement. Elle comprend des livres qui s'interrogent sur les choix des acteurs économiques dans une perspective macroéconomique, historique et prospective.

Dans la série *Le Monde en Question* sont publiés des ouvrages d'économie politique traitant des problèmes internationaux. Les économies nationales, le développement, les espaces élargis, ainsi que l'étude des ressorts fondamentaux de l'économie mondiale sont les sujets de prédilection dans le choix des publications.

La série *Krisis* a été créée pour faciliter la lecture historique des problèmes économiques et sociaux d'aujourd'hui liés aux métamorphoses de l'organisation industrielle et du travail. Elle comprend la réédition d'ouvrages anciens, de compilations de textes autour des mêmes questions et des ouvrages d'histoire de la pensée et des faits économiques.

La série *Clichés* a été créée pour fixer les impressions du monde économique. Les ouvrages contiennent photos et texte pour faire ressortir les caractéristiques d'une situation donnée. Le premier thème directeur est : mémoire et actualité du travail et de l'industrie ; le second : histoire et impacts économiques et sociaux des innovations.

**La série *Cours Principaux* comprend des ouvrages simples, fondamentaux et/ou spécialisés qui s'adressent aux étudiants en licence et en master en économie, sociologie, droit, et gestion. Son principe de base est l'application du vieil adage chinois : « le plus long voyage commence par le premier pas ».**

Sous la direction de
Ayoub Katfi et Oumaima El Mnouer

# Mathématiques financières

## Cours d'initiation et exercices corrigés

L'Harmattan

**5-7, rue de l'École-Polytechnique, 75005 Paris**

http://www.editions-harmattan.fr

ISBN : 978-2-336-43083-6
EAN : 9782336430836

# Table des matières

# Présentation

L'objectif principal de ce livre est de présenter les bases des mathématiques financières de manière moderne et précise. Il comprend un cours concis et de nombreux problèmes résolus pour chaque chapitre.
Les concepts essentiels sont expliqués de manière claire, souvent à travers des exemples concrets. Ce manuel contient environ 60 exercices résolus, ce qui en fait un excellent outil pour réviser et s'entraîner.
Ce livre a été conçu pour les étudiants en finance et les professionnels en quête d'excellence dans leur domaine. Vous découvrirez comment les mathématiques financières sont appliquées dans des contextes professionnels et comment elles peuvent améliorer vos compétences en finance.

# Chapitre 1
# Intérêts simples

## 1. Intérêt produit en une période

En finance, une période peut se référer à une unité de temps spécifique utilisée pour calculer les taux d'intérêt, les rendements et d'autres aspects financiers. Dans le contexte des prêts bancaires, les prêts peuvent être calculés sur 1 jour, 1 mois, 1 trimestre, 1 semestre, 1 année.

**Figure 1 : La période *t***

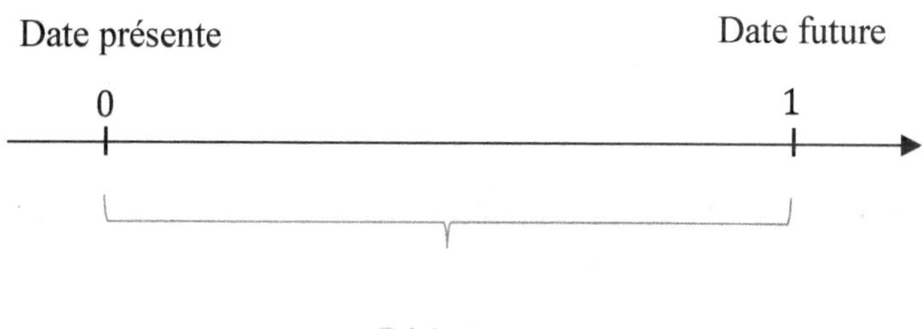


### 1.1. L'intérêt dans une période

**Définition** : si un capital $C_0$ est placé à la date 0 pendant 1 période $p$ alors l'intérêt $I$ procuré à la fin de la période $t$ est le profil que perçoit le prêteur à la date 1.

**Figure 2 : La période $t$**

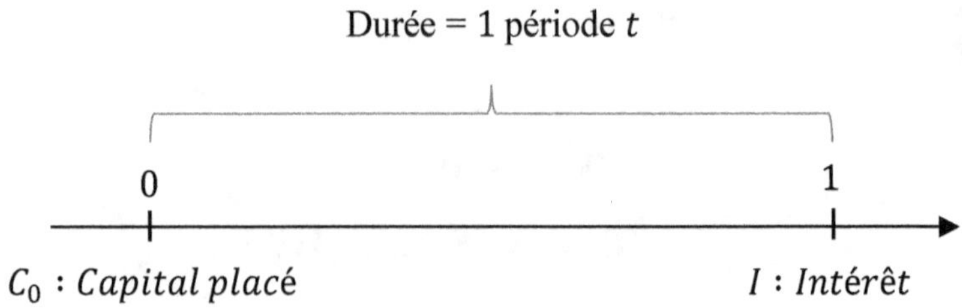


Le prêteur perçoit à la date 1 le capital final $C_1$

$$\boxed{C_1 = C_0 + I}$$

## 1.2. Le taux d'intérêt par période

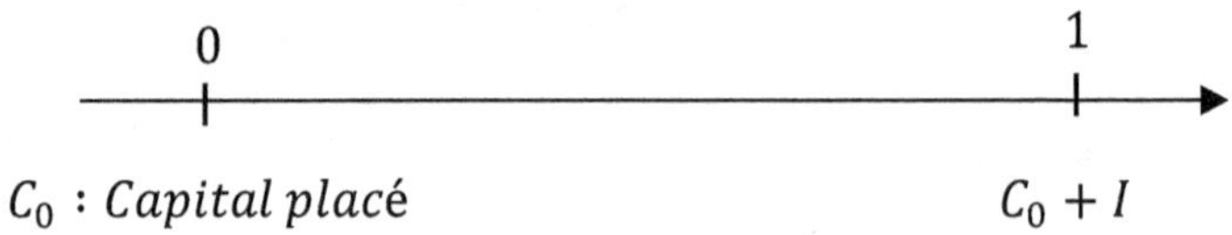


**Définition** : le taux d'intérêt $\tau$ par période $t$ est le taux de rendement du placement défini par :

$$\tau = \frac{Capital\ final - Capital\ intial}{Capital\ intial} = \frac{(C_0 + I) - C_0}{C_0} \Leftrightarrow$$

$$\boxed{\tau = \frac{I}{C_0}}$$

En mathématiques financières la première relation fondamentale :

$$I = C_0 + \tau$$

L'intérêt d'une période $t =$
$le\ capital\ placé\ pendant\ la\ période$ x $le\ taux\ d'intérêt\ par\ période\ t$

### 1.3. Capitalisation : Valeur acquise

**Définition** : la valeur acquise (valeur définitive ou valeur capitalisée) est le capital final $C_1 = C_0 + I$ perçu par le prêteur à la date 1.

$$C_1 = C_0 + C_0 \times \tau = C_0(1 + \tau)$$

**La capitalisation :** opération qui consiste à passer du capital $C_0$ placé en 0 au capital $C_1$ perçu en 1.

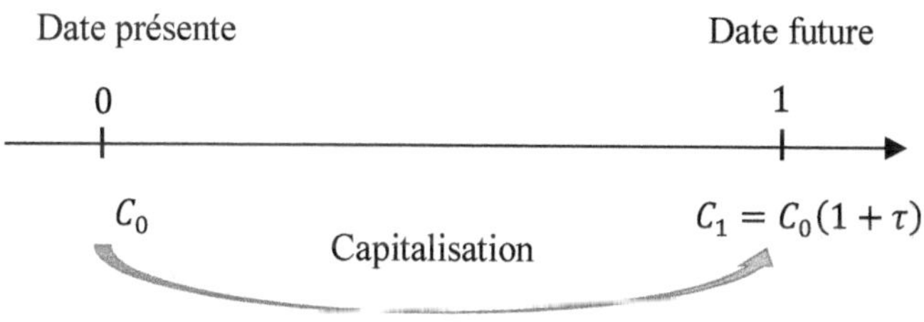


### 1.4. Actualisation : Valeur actuelle

**Définition** : la valeur actuelle est le capital initial $C_0$ placé par le prêteur à la date 0.

$$C_0 = C_1(1 + \tau)^{-1}$$

**L'actualisation :** opération de passage de la valeur acquise $C_1$ au capital $C_0$ initial.

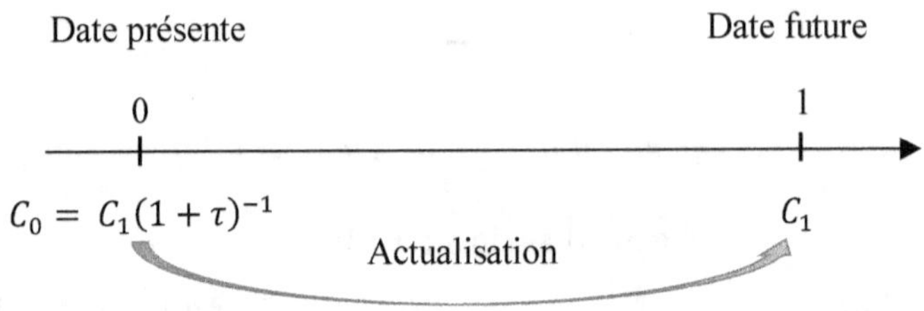


## 2. Intérêts simples

**Définition** : soit $C_0$ un capital placé en 0 pendant $n$ périodes $t$ au taux d'intérêt $\tau$ par période $t$ . L'intérêt simple produit à la date $n$ est la somme des intérêts $C_0 \times \tau$ produits par le placement capital $C_0$ au début de chaque période :

$$Intérêt\ simple = I_n = C_0 \times \tau \times n$$

**Figure 2 : Intérêt simple**

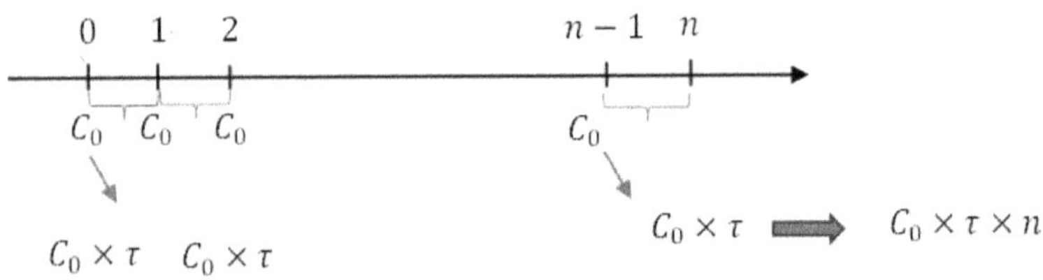


On utilise l'intérêt simple pour des emprunts ou des placements à court terme, c'est à dire sur une durée inférieure à un an.

L'intérêt est proportionnel à la durée de l'opération, et il est versé en une seule fois, au début ou à la fin de l'opération[1]

## 2.1. Capitalisation : Valeur acquise

**Définition** : la valeur acquise (valeur définitive ou valeur capitalisée) est le capital total $C_n = C_0 + I_n$ perçu par le prêteur à la date $n$.

**La capitalisation :** opération de passage du capital $C_0$ au capital $C_n$.

$$C_n = C_0(1 + \tau \times n)$$

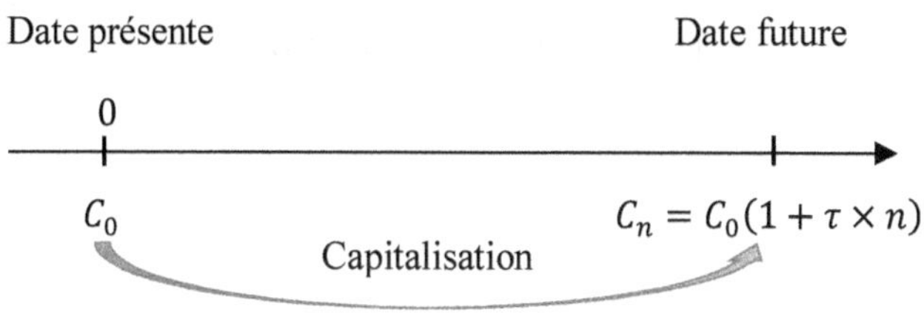


## 2.2. Actualisation : Valeur actuelle

**Définition** : la valeur actuelle est le capital initial $C_0$ placé par le prêteur à la date 0.

**L'actualisation :** opération qui consiste à passer de la valeur acquise $C_n$ perçu en 1 au capital $C_0$ placé en 0.

$$C_0 = C_n(1 + \tau \times n)^{-1}$$

[1] Hamet Joanne. (2003). Les mathématiques financières. *E-theque.*

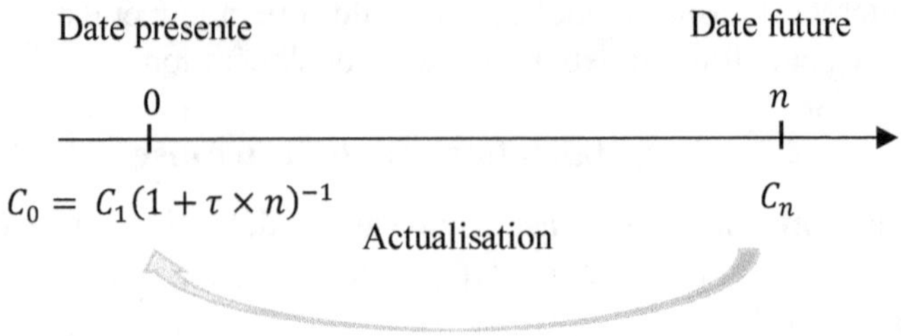


## 3. Taux proportionnels

**Définition** :

$\tau_a$ : taux d'intérêt annuel
$\tau_2$ : taux semestriel ou trimestriel ou mensuel ou journalier.
$\tau_a$ et $\tau_2$ sont proportionnels si, lorsqu'ils sont appliqués à intérêts simples au même capital $C_0$, ils procurent la même valeur acquise.

**Exemple :**

$\tau_a$ : taux d'intérêt annuel ; $\tau_s$ : taux d'intérêt semestriel

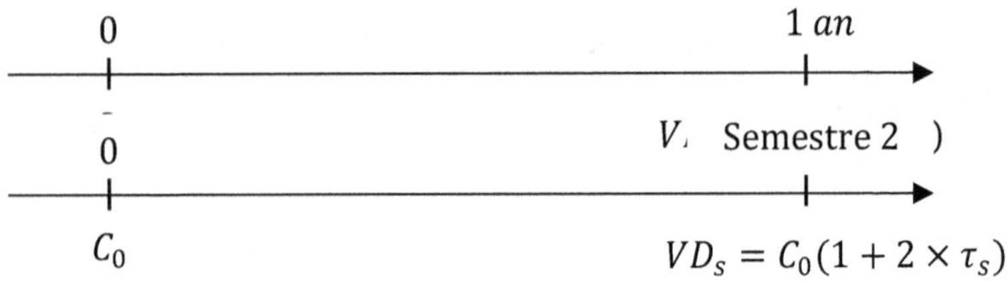


$\tau_a$ et $\tau_s$ sont proportionnels si :

$$VD_a = VD_s \Leftrightarrow C_0(1 + \tau_a) = VD_s = C_0(1 + 2 \times \tau_s)$$

$$\boxed{\tau_s = \frac{\tau_a}{2}}$$

### 3.1. Relations de proportionnalité des taux d'intérêt

$\tau_a$ : taux annuel $\tau_s$ : taux semestriel $\tau_t$ : taux trimestriel $\tau_m$ : taux mensuel $\tau_j$ : taux journalier

$\tau_s$ , $\tau_t$ , $\tau_m$ , $\tau_j$ sont proportionnels à $\tau_a$ si :

| | | | |
|---|---|---|---|
| $\tau_s = \frac{\tau_a}{2}$ | $\tau_t = \frac{\tau_a}{4}$ | $\tau_m = \frac{\tau_a}{12}$ | $\tau_j = \frac{\tau_a}{360}$ |

### 3.2. Formules des intérêts simples

| | | |
|---|---|---|
| $I = C_0 \times \tau_a \times n_a$ | $I = \frac{C_0 \times \tau_a \times n_s}{2}$ | $I = \frac{C_0 \times \tau_a \times n_t}{4}$ |
| $I = \frac{C_0 \times \tau_a \times n_m}{12}$ | $I = \frac{C_0 \times \tau_a \times n_j}{360}$ ← | L'année commerciale 360 jours |

### 3.3. Nombre de jours dans les mois de l'année

Pour l'année **bissextile** (366 jours ; mois de février : 29 jours) **:**

- l'année est divisible par 4 et non divisible par 100, où
- l'année est divisible par 400.

Pour l'année non bissextile (365 jours ; mois de février : 28 jours).

Pour la technique de la main gauche :

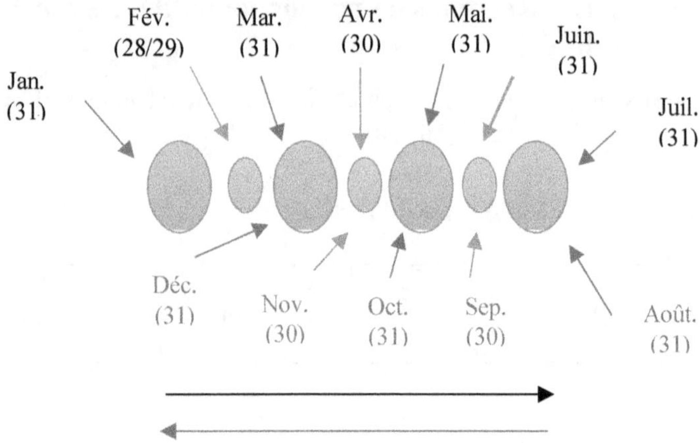


Main gauche (poing fermé)

## 4. Intérêts simples précomptés

Les intérêts simples peuvent être calculés de deux manières : post comptés ou précomptés.

**Définition** : intérêts post comptés ou à terme échu : l'intérêt versé à la date finale $n$.

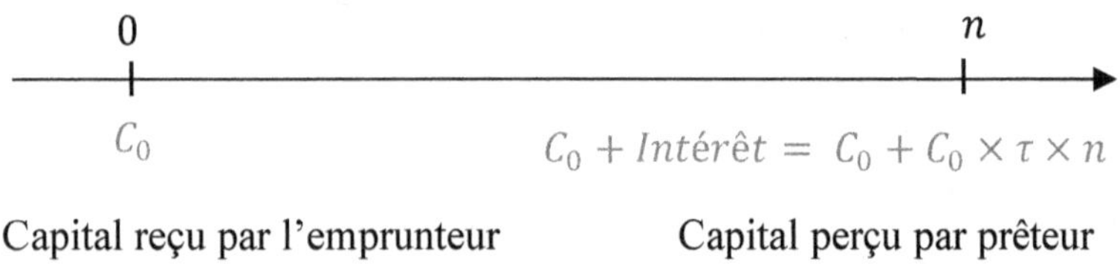


**Définition** : intérêts précomptés où à terme à échoir : l'intérêt est déduit du capital emprunté à la date 0.

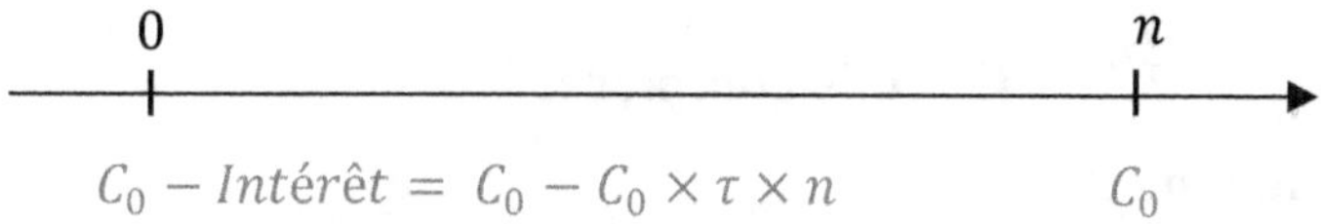


Capital perçu par prêteur　　　　　Capital reçu par

### 4.1. Le taux effectif

**Définition** : le taux d'intérêt effectif $\tau_e$ par période $p$ est le taux d'intérêt qui égalise l'intérêt post compté du capital $C_0 - I$ et l'intérêt précompté $I$

$$(C_0 - I) \times \tau_e \times n = I \Leftrightarrow$$

$$\tau_e = \frac{\tau}{1 - \tau \times n} = \tau \times (1 - \tau \times n)^{-1}$$

**Remarque**

$$\boxed{\tau_e > \tau}$$

### 4.2. Comparaison entre les intérêts précomptés et postcomptés

Lorsqu'une entreprise examine diverses options de financement, elle peut se retrouver dans la situation à comparer un taux d'intérêt précompté à un taux d'intérêt postcompté.
Cependant, il n'est pas possible de faire une comparaison directe entre un intérêt postcompté et un intérêt précompté, car ils ne correspondent pas à des versements à la même échéance.

# 5. Escompte commerciale

## 5.1. Effet de commerce

**Définition** :

**Un effet de commerce** constitue un instrument financier employé dans le contexte des échanges commerciaux pour assurer le règlement d'une dette. C'est un document écrit et transférable qui officialise l'engagement de paiement entre deux acteurs : le bénéficiaire (celui qui doit recevoir le paiement) et le souscripteur (celui qui doit effectuer le paiement).

Deux formes existent :

- **lettre de change ou traite :** c'est un document par lequel le créancer (vendeur : tireur) donne l'ordre à son débiteur (acheteur : tiré) de payer une valeur nominale à une date d'échéance donnée. Le bénéficiaire : le créancier lui-même ou une tierce personne.
- **billet à ordre :** est un instrument financier polyvalent qui peut servir dans différentes transactions, telles que le financement de projets, l'octroi de prêts commerciaux ou la gestion d'opérations de crédit. L'une de ses caractéristiques clés est sa négociabilité, ce qui signifie qu'il peut être cédé à des tiers si les conditions du billet le permettent. Il est établi par le client.

L'effet peut être remis à l'encaissement, remis à l'escompte ou endossé.

## 5.2. Equivalence de 2 effets (ou 2 capitaux) à intérêts simples

**Définition** : 2 effets (ou 2 capitaux) sont dits équivalents à intérêts simples à une date d'équivalence $T$ s'ils ont la même valeur actuelle à la date $T$ au même taux $\tau$. Pour $1 \leq i \leq 2$ :

$C_i$ : valeur nominale de l'effet i en $T_i$ ;
$j_i$ : nombre de jours entre T et $T_i$ ;
$VA_i$ : la valeur actuelle de l'effet i ;

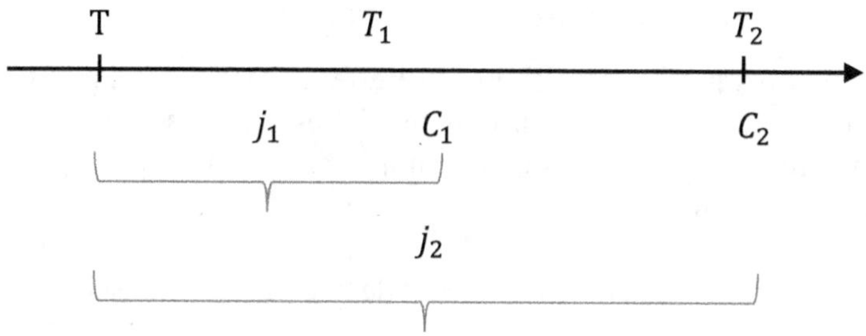


$$VA_1 = VA_2 \Leftrightarrow$$
$$C_1\left(1-\frac{\tau \times j_1}{360}\right) = C_2\left(1-\frac{\tau \times j_2}{360}\right)$$

### 5.3. Remplacement de plusieurs effets (ou capitaux) par un seul effet (ou un seul capital)

**Définition** : $K$ effets (ou capitaux) pour $1 \leq k \leq K$ :

$T$ : date d'équivalence ;
$T_k$ : date d'échéance de l'effet $k$
$j_k$ : nombre de jours entre $T$ et $T_k$
$C_k$ : valeur nominale de l'effet $k$
$VA_k$ : valeur actuelle de l'effet $k$

**L'effet de commerce de remplacement :**

$C$ : valeur nominale ; ;
$j$ : durée entre $T$ $et$ $la$ $T_c$ ;
$T_c$ : date d'échéance commune ;
$VA$ : valeur actuelle ;

Cet effet est équivalent aux $K$ effets à la date d'équivalence T si :

$$VA_1 = \sum_k^K VA_k \Leftrightarrow$$
$$C\left(1-\frac{\tau \times j}{360}\right) = \sum_k^K C_k\left(1-\frac{\tau \times j_k}{360}\right)$$

### 5.4. Escompte commercial

- Lorsque le propriétaire de l'effet a besoin de liquidité avant l'échéance, il pourrait remettre à l'escompte son effet de commerce pour demander un crédit à la banque de valeur égale à la valeur nominale.
- La banque escompte alors l'effet, en versant la valeur nominale diminuée de l'escompte et de quelques commissions.

**Définition** : L'escompte est l'intérêt simple précompté que la banque perçoit en escomptant l'effet de commerce :

$$Escompte = E = \frac{C \times \tau \times j}{360}$$

$C$ : valeur nominale de l'effet ;
$\tau$ : taux d'intérêt ( d'escompte) annuel ;
$J$ : nombre de jours entre le jour de négociation et la date d'échéance = durée réel + jours de banque

$$Valeur\ actuelle = Valeur\ nominale - Escompte$$
$$Agio\ (HT) = Escompte + Commissions$$
$$Agio\ (TTC) = Agio\ (HT)(1 + TVA)\ ; TVA = par\ exemple\ 10\%$$
$$\mathbf{Valeur\ actuelle\ nette = Valeur\ nominale - Agio(TTC)}$$

Date de remise à l'escompte — Date d'échéance

Valeur actuelle nette — Valeur nominale

Perçue par le client — Perçue par la banque

## 6. Exercices

**Exercice 1.1**
Calculer l'intérêt simple et la valeur acquise produits par un placement à intérêts simples d'un capital de 125.000 au taux d'intérêt annuel de 6% pendant 96 jours.

**Exercice 1.2**

Calculer l'intérêt simple et la valeur acquise produits par un placement à intérêts simples d'un capital de 150.000 au taux d'intérêt annuel de 6,5% pendant 7 mois.

**Exercice 1.3**

Calculer l'intérêt simple et la valeur acquise produits par un placement à intérêts simples d'un capital de 300.000 placés à intérêts simples au taux d'intérêt annuel de 6,25% du 17 mars au 27 juillet de l'année 2018.

**Exercice 1.4**

Une personne décide d'acheter une voiture le 10 mars 2020 au prix de 120.000.

1- Quel capital va-t-il placé (bloqué) à intérêts simples le 12 juillet 2019 sur un compte à terme au taux d'intérêt annuel de 7 % pour pouvoir acheter la voiture le 10 mars 2020 ?

2- Supposons que le 15 juillet 2019, la personne ne dispose que du capital 112.600, qui s'avère insuffisant pour acheter la voiture le 10 mars 2020. Quelles solutions pourrait choisir la personne ?

**Exercice 1.5**

Un investisseur place un capital de 4.000 à intérêts précomptés pour acheter un bon de caisse d'une valeur nominale de 5.000 échéants dans 30 mois. Calculer le taux d'intérêt nominal annuel et le taux d'intérêt annuel effectif de ce placement ?

**Exercice 1.6**

Un commerçant voudrait remplacer le 15 mai 2017 un effet de valeur nominale 10.000 échéant le 24 juin 2017, par un autre effet échéant le 14 juillet 2017. Le taux d'intérêt annuel est de 13 %. Déterminer la valeur nominale de ce nouvel effet.

**Exercice 1.7**

On voudrait remplacer le 15 juin 2017, par un seul effet, les 3 effets suivants :

| Effet | Valeur nominale | Echéance |
|---|---|---|
| 1 | 4.000 | 13 juillet 2017 |
| 2 | 5.000 | 21 août 2017 |
| 3 | 12.000 | 20 septembre 2017 |

Quelle est la date d'échéance de l'effet de valeur nominale 21.200 remplaçants des trois effets. Le taux d'intérêt annuel est de 13%.

**Exercice 1.8**

On considère un effet de commerce de montant de 35.500 échéant le 27 juillet 2018 et remis à l'escompte le 10 avril 2018 :
commission de manipulation = 2 par effet ; TVA = 10% ; Tenir compte d'un jour de banque.
Calculer l'escompte, l'agio T.T.C et la valeur actuelle nette de l'effet de commerce. Le taux d'escompte est de 9 %.

**Exercice 1.9**

Trois capitaux sont placés à intérêts simples le 10 mai 2020 mais à conditions différentes :

- placement 1 : 25.000 au taux d'intérêt annuel 2,50% jusqu'au 15 juin 2020
- placement 2 : 15.000 au taux d'intérêt annuel 4,40% jusqu'au 10 juillet 2020
- placement 3 : 22.000 au taux d'intérêt annuel 3,60% jusqu'au 8 août 2020

Calculer le taux d'intérêt annuel moyen de ces trois placements ?

**Exercice 1.10**

Un effet de 30.000 à pour échéance le 30 mai 2020. A quelle date cet effet est-il équivalent à l'effet de 30.216 d'échéance le 10 juillet 2020, si le taux d'intérêt annuel pratiqué est de 6,24% ?

**Exercice 1.11**

Un commerçant a remplacé par un seul effet, le 3 novembre 2019, les trois effets suivants :

| Effet | Valeur nominale | Echéance |
|---|---|---|
| 1 | 42.000 | 22 novembre 2019 |
| 2 | 60.000 | 7 décembre 2019 |
| 3 | 90.000 | 8 janvier 2020 |

Quelle est la date d'échéance de l'effet de 198.500 remplaçants des trois effets. Le taux d'intérêt annuel est de 6,2 %.

**Exercice 1.12**

Soit un capital de 27.000 placés à intérêts simples pendant 1 an à un taux annuel de 7%. Calculer l'intérêt et la valeur acquise produits par ce placement. Le 12 novembre 2019, un particulier a émis un billet à ordre d'un montant de 75.000 à échéance du 22 janvier 2020. Le 15 décembre 2020, il demande à son créancer de reporter l'échéance de son billet à ordre au 14 février 2020. Sachant que le taux de l'escompte est de 8 %. Quel sera le montant inscrit sur le nouveau billet à ordre ?

**Exercice 1.13**

Une traite de 20.000 échéant le 30 avril 2020 et remis à l'escompte le 17 mars 2020 de la même année, l'agio retenu par la banque : escompte au taux annuel de 13% ; Commission = 60 ; T.V.A = 7% ; Tenir compte d'un jour de banque.
Calculer l'escompte, l'agio T.T.C et la valeur actuelle nette de cette traite.

**Exercice 1.14 :**

Un effet de commerce de 45.000 à échéance du 20 décembre 2019, est renégocié le 20 janvier 2020 aux conditions suivantes : Taux d'escompte = 12,50% ; Commission de manipulation = 2 par effet ; TVA = 10% ; Tenir compte d'un jour de banque.
Calculer l'escompte, l'agio T.T.C et la valeur actuelle nette de l'effet de commerce.

**Exercice 1.15 :**

Le 1er avril 2020, à quel taux d'escompte un effet de 24.500 à échéance le 15 mai 2020 est-il équivalant à un effet de 25.000, échéance le 15 juillet 2020 ?

**Exercice 1.16 :**

Déterminer la date d'échéance d'un effet de 14.320 qui se substituerait, le 10 novembre, à un effet de 14.200 payables le 30 novembre. Taux d'escompte 10 %

**Exercice 1.17 :**

Une entreprise détient une lettre de change de 12.500 de valeur nominale dont l'échéance est le 5 mai. Le 15 mars elle négocie auprès de sa banque : un escompte au taux de 9 % ; commission de manipulation = 1 par effet ; TVA = 10 % ; tenir compte d'un jour de banque.

Calculer l'escompte, l'agio T.T.C et la valeur actuelle nette de l'effet de commerce.

# Chapitre 2
# Intérêts composés

## 1. Définition des intérêts composés

**Définition** : un placement est fait à intérêts composés quand, à la fin de chaque période, les intérêts sont capitalisés et produisent des intérêts pendant les périodes ultérieures[2].

**Définition** : on dit qu'un capital $C_0$ est placé à intérêts composés pendant $n \in \mathbb{N}^*$ périodes au taux d'intérêt $\tau$ par période, si le capital placé à chaque début de période est variable égal à la somme du capital et de l'intérêt de la période précédente. A la date $n$ on constitue un capital final $C_n$.

### 1.1. Le déroulement du processus pour la constitution d'un capital final

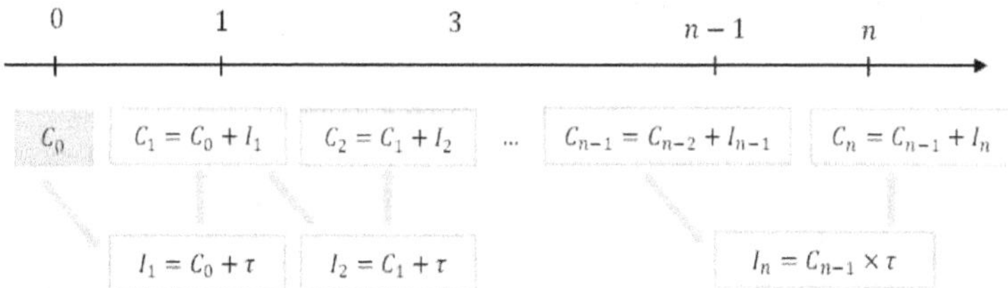


[2] Baratay Christelle. (2020). Mathématiques Financières, les points clés pour maitriser les calculs financiers en finance et en gestion de l'entreprise. *Gualino, Lextenso*.

| Période $1 \leq j \leq n$ | Capital de début de période $C_{j-1}$ | Intérêt de fin de période $C_{j-1} \times \tau$ | Capital de fin de période $C_{j-1} + I_j$ |
|---|---|---|---|
| 1 | $C_0$ | $I_1 = C_0 \times \tau$ | $C_1 = C_0(1+\tau)$ |
| 2 | $C_1$ | $I_2 = C_0(1+\tau) \times \tau$ | $C_2 = C_0(1+\tau)$ |
| $\vdots$ | $\vdots$ | $\vdots$ | $\vdots$ |
| $n-1$ | $C_{n-2}$ | $I_{n-1} = C_0(1+\tau)^{n-2} \times \tau$ | $C_{n-1} = C_0(1+\tau)^{n-1}$ |
| $n$ | $C_{n-1}$ | $I_n = C_0(1+\tau)^{n-1} \times \tau$ | $\boldsymbol{C_n = C_0(1+\tau)^n}$ |

Tout comme dans le cas des intérêts simples, il est également possible de calculer la valeur acquise et la valeur actuelle dans le contexte des intérêts composés.

### 1.2. Capitalisation : Valeur acquise

- **Cas où le nombre de période $n \in \mathbb{N}^*$**

**Définition** : la valeur acquise est le capital $C_n$ constitué par le placement du capital $C_0$ à intérêts composés pendant $n \in \mathbb{N}^*$ périodes au taux d'intérêt $\tau$ par période :

$$C_n = C_0(1+\tau)^n$$

**La capitalisation :** est l'opération qui consiste à passer du capital $C_0$ placé à la date présente 0 au capital $C_n$ perçu à la date future $n$.

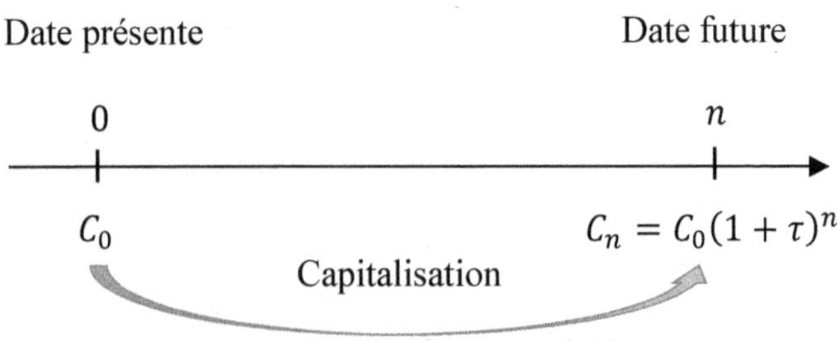

**Remarque :** la valeur acquise $C_n$ est une suite géométrique de raison $1+\tau$ et de premier terme le capital placé $C_0$.

- **Cas où le nombre de période *n* est fractionnaire :**

Supposons que la durée du placement $n$ est 3 ans et 4 mois :

$$n = 3\ ans + \frac{4}{12}\ an = 3\ ans + \frac{1}{3}\ an$$

On pose :

$$k = 3\ \in \mathbb{N}^* \qquad \frac{P}{q} = \frac{1}{3} \in \mathbb{Q}$$

On a donc :

$$\boxed{n = k\ ans + \frac{p}{q}\ an}$$

La valeur acquise $C_n$ peut être calculée par 2 méthodes : Méthode commerciale (ou bancaire), méthode rationnelle (ou théorique).

- **Méthode commerciale (ou bancaire)**

La méthode commerciale consiste à généraliser la formule de la valeur acquise des intérêts composés au cas $n \in \mathbb{Q}$ :

$$\boxed{C_n = C_0(1+\tau)^n = C_0(1+\tau)^{k+\frac{p}{q}} = C_0(1+\tau)^k(1+\tau)^{\frac{p}{q}}}$$

- **Méthode rationnelle (ou théorique) :**

$$C_n{}' = C_0(1+\tau)^k\left(1+\tau\times\frac{p}{q}\right)$$

Intérêts composés pendant $k$ années

Intérêts simples pendant $\frac{p}{q}$

- **Comparaison entre la méthode commerciale et la méthode rationnelle :**

Les deux valeurs acquises $C_n$ et $C_n'$ ont le facteur $C_0(1+\tau)^k$ en commun. Il suffit de comparer $(1+\tau)^{\frac{p}{q}}$ à $\left(1+\tau\times\frac{p}{q}\right)$.

On pose pour $0 < x < 1$ :

$$f(x) = (1+\tau)^x = e^{x\ln(1+\tau)} \quad et \quad g(x) = 1+\tau\times x$$

Comme $0 < x < 1$ on a :

$$1+\tau\times x > (1+\tau)^x$$

On déduit :

$$Valeur\ acquise\ rationnelle \geq Valeur\ acquise\ commerciale$$

$$C_n{}' \geq C_n$$

### 1.3. Actualisation : Valeur actuelle

**Définition :** la **valeur actuelle** est le capital initial $\boldsymbol{C_0}$ placé à la date 0.
**L'actualisation** est l'opération qui consiste à passer de la valeur acquise $C_n$ perçue à la date $n$ au capital initial $C_0$ placé la date présente 0 :

$$\boxed{C_0 = C_n(1+\tau)^{-n}}$$

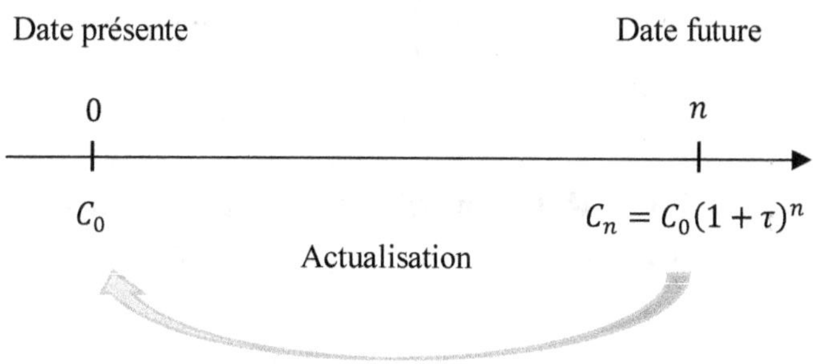


## 2. Taux d'intérêt équivalents

$\tau_a$ : taux d'intérêt annuel
$\tau_2$ : taux d'intérêt semestriel ou trimestriel ou mensuel ou journalier.
$\tau_a$ et $\tau_2$ sont équivalents si, lorsqu'ils sont appliqués à intérêts composés au même capital $C_0$, ils procurent la même valeur acquise.

**Exemple :** $\tau_a$ : taux d'intérêt annuel ;
$\tau_s$ : taux d'intérêt semestriel

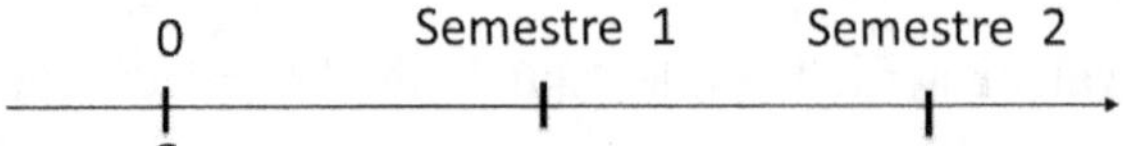


$\tau_a$ et $C_0$ ont équivalents si : $\boldsymbol{VD_s = C_0(1+\tau_s)^2}$

$$VD_a = VD_s \Leftrightarrow C_0(1+\tau_a) = C_0(1+\tau_s)^2$$

$$\boxed{\tau_s = (1+\tau_a)^{1/2} - 1}$$

$$\boxed{\tau_a = (1+\tau_s)^2 - 1}$$

## 2.1. Relations d'équivalence des taux d'intérêt

$\tau_a$ : taux annuel
$\tau_s$ : taux semestriel
$\tau_t$ : taux trimestriel
$\tau_m$ : taux mensuel
$\tau_j$ : taux journalier

$\tau_s$ , $\tau_t$ , $\tau_m$ , $\tau_j$ sont équivalents à $\tau_a$ si :

| | |
|---|---|
| $\tau_s = (1+\tau_a)^{1/2} - 1$ | $\tau_a = (1+\tau_s)^2 - 1$ |
| $\tau_t = (1+\tau_a)^{1/4} - 1$ | $\tau_a = (1+\tau_t)^4 - 1$ |
| $\tau_m = (1+\tau_a)^{1/12} - 1$ | $\tau_a = (1+\tau_m)^{12} - 1$ |
| $\tau_j = (1+\tau_a)^{1/360} - 1$ | $\tau_a = \left(1+\tau_j\right)^{360} - 1$ |

## 2.2. Equivalence de capitaux à intérêts composés

**Définition :** deux capitaux sont dits équivalents à intérêts composés à une date d'équivalence $T$ s'ils ont la même valeur actuelle à la date $T$ au même taux $\tau$.

Pour $1 \leq i \leq 2$ :

$C_i$ : *Capital en* $T_i$.

$n_i$ : *nombre d'années entre* $T$ *et* $T_i$

$VA_i$ : *la valeur actuelle de* $C_i$

Les 2 capitaux sont équivalents en $T$ si :

$\boldsymbol{VA_1 = VA_2} \Leftrightarrow$

$$C_1(1+\tau)^{-n_1} = C_2(1+\tau)^{-n_2}$$

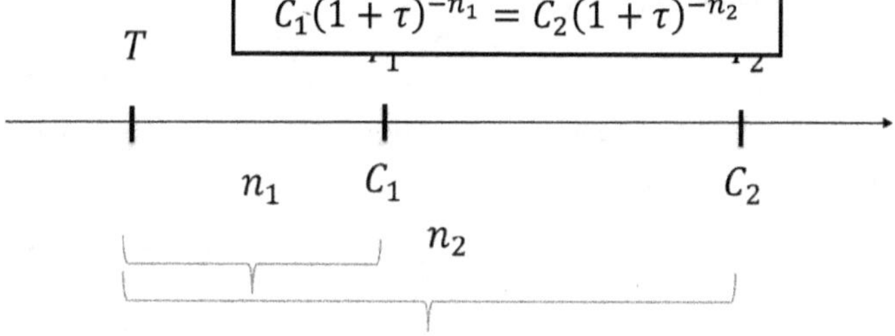


## 3. Exercices

**Exercice 2.1**

Un capital de 100.000 est placé à intérêts composés pendant 3 ans au taux annuel de 3 %. Calculer la valeur acquise de ce placement.

**Exercice 2.2**

Calculer la valeur actuelle d'un capital de 50.000 échéants dans 3 ans si le taux d'intérêt annuel est de 3,5%.

**Exercice 2.3**

Un capital de 200.000 a été placé à intérêts composés pendant 5 ans procurant à la fin du placement le capital 300.000 . Calculer le taux d'intérêt annuel de ce placement.

**Exercice 2.4**

Un capital de 50.000 a été placé à intérêts composés au taux d'intérêt annuel de 4% procurant à la fin du placement le capital 60.000 . Calculer la durée de ce placement.

**Exercice 2.5**

Un capital de 150.000 est placé à intérêts composés pendant 7 semestres au taux annuel de 2,25 %. Calculer la valeur acquise de ce placement.

**Exercice 2.6**

Soit $\tau_a = 6\%$ un taux annuel. Chercher le taux semestriel $\tau_s$, le taux trimestriel $\tau_t$, le taux mensuel $\tau_m$ et le taux journalier $\tau_j$ équivalents au taux annuel.

**Exercice 2.7**

Un investisseur disposera de 3 capitaux $C_1$, $C_2$ et $C_3$ à des dates d'échéances différentes $T_1$, $T_2$ et $T_3$ :

| Capital : $C_i$ | Nombre d'années entre : $T_i$ |
|---|---|
| 100.000 | 2ans |
| 120.000 | 3ans |
| 900.000 | 5ans |

L'investisseur voudrait remplacer à une date d'équivalence $T$ ces 3 capitaux par un seul capital $C$ échéant à la date d'échéance commune $T_C$.

On suppose qu'entre $T$ et $T_C$ il y a 4 ans. Quelle est la valeur du capital $C$ qui remplace les 3 capitaux $C_1$, $C_2$ et $C_3$ à intérêts composés au taux d'intérêt annuel 3,15%?

**Exercice 2.8**

Vous avez gagné à un jeu télévisé et devez choisir de recevoir soit 250.000 aujourd'hui, soit 300.000 dans 2 ans. A quelle condition ces deux options seraient-elles équivalentes ?

**Exercice 2.9**

Un couple a deux enfants, l'un aura deux ans et l'autre cinq ans cette année. Ils décident d'investir deux montants dans deux fonds qui verseront 300.000 aux deux enfants à leur vingtième anniversaire. Si ces fonds sont rémunérés au taux d'intérêt de $\tau = 8$ % par année, déterminer les montants qui doivent être investis initialement dans chacun de ces fonds.

**Exercice 2.10**
Un centre de mise en forme offre des abonnements de 2.500 avec un renouvellement pour la seconde année à 2.800. Il y a aussi la possibilité de s'abonner pour deux ans au montant de 5.000. Quel est le taux d'intérêt qui fait en sorte que l'abonnement pour 2 ans soit équivalent à un abonnement d'un an suivi d'un renouvellement d'un an ?

**Exercice 2.11**
Un joueur de football a signé un contrat le liant pour trois ans à l'un des plus prestigieux clubs européens. Les termes du contrat ont été âprement discutés et la presse s'est fait écho du montant, sur les trois ans, de 30,5 millions d'euros. Le contrat stipule en fait un versement cash de 2,44 millions d'euros à la signature du contrat ; 6,1 millions à la fin de la première année et respectivement 9,76 millions et 12,2 millions à la fin de la deuxième et de la troisième année.
En supposant que le taux annuel du marché soit de $\tau = 10$ %, le contrat signé par ce joueur vaut-il effectivement 30,5 millions d'euros ?

**Exercice 2.12**
Un particulier a signé avec un organisme de prévoyance un contrat de placement lui permettant d'effectuer des opérations de dépôt et de retrait pour des montants libres. La seule contrainte est que le premier retrait ne peut avoir lieu avant la fin des deux premières années suivant le premier dépôt (à la date N) et que le montant cumulé des retraits ne peut excéder le montant des dépôts. Le particulier a effectué, sur 4 ans, les opérations suivantes :

| Date | Opération |
|---|---|
| Début de l'année N : | Placement de 250.000 |
| Début de l'année N+2 : | Retrait de 100.000 |
| Fin de l'année N+3 et année N+4 | Retrait de 5.000 |

Juste après la dernière opération de retrait, soit à la fin de l'année N+3, le capital investi monte à 240.030. Quel est le taux de placement ?

**Exercice 2.13**

Deux capitaux $X$ et $Y$ dont le montant total s'élève à 800.000 sont placés le même jour à intérêt composé pour une durée de 6 ans. Le capital $X$ est placé au taux annuel de $\tau = 8\%$ à intérêts composés (capitalisation annuelle des intérêts). Le capital $Y$ est placé au taux semestriel de $\tau' = 3{,}75\%$ à intérêts composés (capitalisation semestrielle des intérêts). A l'expiration des 6 années, le total des intérêts produits (par les deux capitaux $X$ et $Y$) s'élève à 460.070,35.

1) Calculer $X$ et $Y$.

2) Le capital ainsi obtenu au bout de 6 ans, est placé à intérêt composé pendant 5 ans et 7 mois au taux annuel de $\tau'' = 11\%$. A l'aide de la solution rationnelle, calculer la valeur acquise par ce capital à la fin des 5 ans et 7 mois.

**Exercice 2.14**

Une personne dépose 500.000 dans un compte de banque. Durant la première année, la banque crédite ce compte au taux d'intérêt annuel $i$. Durant la deuxième année, la banque crédite ce compte au taux d'intérêt annuel $i + 0{,}01$. Après deux ans, le solde du compte est de 551.230,75. Si pour la troisième année, la banque crédite ce compte au taux d'intérêt annuel $i - 0{,}005$, quel sera le montant accumulé dans le compte à la fin de ces trois années ?

**Exercice 2.15**

Un particulier âgé exactement de 40 ans se décide à étudier le problème de la constitution de son épargne retraite. En

première analyse, il estime que son salaire annuel actuellement de 400.000 devrait en moyenne croître de $r$ = 5 % l'an jusqu'à son départ à la retraite. Peu optimiste, il estime que celui-ci ne pourra s'effectuer avant son 65$^{ème}$ anniversaire. Sur ces 25 années, il compte en moyenne épargner $r'$ = 10 % de ses revenus.
A l'issue de cette période d'épargne, il aimerait consommer annuellement une certaine somme évoluant en fonction de l'inflation anticipée permettant de laisser une somme de 1.000.000 à ses deux enfants lors de son 85$^{ème}$ anniversaire, date estimée de son décès. Pour simplifier, le taux moyen de l'inflation entre le 65$^{ème}$ et le 85$^{ème}$ anniversaire de l'individu est considéré comme constant et égal à $t$ = 3%. Enfin, le taux d'actualisation annuel choisi pour réaliser la simulation est de $\tau$ =8 %.
1) Déterminer l'épargne constituée le jour du 65$^{ème}$ anniversaire.
2) Déterminer la première consommation permettant de respecter la contrainte d'héritage.

**Exercice 2.16**

Une personne a légué un capital de 25.000.000 à trois héritiers âgés respectivement de 14 ans et demi, 11 ans et 6 ans et trois mois. Conformément aux clauses testamentaires, lors du décès du testateur, chaque héritier entrera en possession de sa part à l'âge de 18 ans.
Sachant qu'ils devront recevoir la même somme à leur majorité, comment faut-il effectuer le partage de la somme léguée. Le taux d'actualisation est de $\tau$ = 5 %.

**Exercice 2.17**

On verse un montant $K$ sur un compte rémunéré où les intérêts sont calculés tous les mois en fin de période ; le taux de rémunération mensuel est de $\tau$ = 0,4 %. À la fin de la cinquième année, le placement doit servir une rente mensuelle de 5 000 pendant 10 ans, le premier versement de la rente devant avoir lieu à la fin du dernier mois de la première période de cinq ans et le dernier à la fin du dernier mois de la dixième année de la seconde période. Sur les dix

dernières années, le taux d'actualisation mensuel à considérer est de $\tau' = 0{,}5\ \%$, les intérêts étant calculés mensuellement.
Déterminer le montant $K$ devant être versé sur le compte rémunéré.

**Exercice 2.18**

Trois capitaux en progression arithmétique de raison $r = 100$, sont placés à intérêt composé pendant trois ans, aux conditions suivantes :

- Premier capital : taux annuel $\tau_1 = 10\ \%$, capitalisation annuelle des intérêts.
- Deuxième capital : taux semestriel $\tau_2 = 5\ \%$, capitalisation semestrielle des intérêts.
- Troisième capital : taux trimestriel $\tau_3 = 2{,}5\ \%$, capitalisation trimestrielle des intérêts.

1) Au bout de 3 années de placement, les intérêts produits par les deux premiers capitaux présentent une différence de 4.060,89. Calculer la valeur de chacun des trois capitaux.

2) Calculer la différence entre les intérêts produits par le deuxième capital et le troisième capital.

3) A quel taux d'intérêt simple le premier capital devrait-il être placé pour que, après 3 années de placement, la valeur acquise à intérêt simple soit égale à la valeur acquise à intérêt composé? ($\tau_1$ = Taux intérêt composé = 10%).

4) Au bout de combien de temps le premier capital placé à intérêt simple aux taux de $\tau_1 = 10\ \%$ donnerait-il une valeur acquise égale à la valeur acquise du même capital placé à intérêt composé au même taux annuel de $\tau_1 = 10\ \%$ pendant 3 ans ?

Calculer les deux taux d'intérêt i et i'.

# Chapitre 3
# Les annuités

## 1. Définition des annuités

**Définition** : les annuités sont des flux financiers versés à des intervalles de temps constants. Les produits de placement ou les crédits proposés par les établissements financiers impliquent fréquemment des engagements de versements égaux et réguliers, comme le plan d'épargne logement, de retraite, d'assurance vie[3], etc…

Elles peuvent être effectuées annuellement, mensuellement, et trimestriellement, ou à d'autres intervalles réguliers. L'intervalle qui sépare deux annuités successives est la période.

**Remarque :**

Le terme annuité est un terme générique qui peut désigner des versements (ou retraits) journaliers, hebdomadaires, mensuels… dès lors que la périodicité existe. On peut bien sûr également utiliser le terme précisant la durée de la période : mensualité, trimestrialité, semestrialité quand ce terme existe[4].

- ❖ Période = Année ⇒ Annuités
- ❖ Période = Semestre ⇒ Semestrialités
- ❖ Période = Trimestre ⇒ Trimestrialités
- ❖ Période = Mois ⇒ Mensualités

---

[3] Hamet Joanne. (2003). Les mathématiques financières. *E-theque.*

[4] Mathé Armelle. (2015). L'essentiel des mathématiques financières. *Les carrés, 1ère édition, Gualino.*

## 1.1. Annuités constantes de fin de période

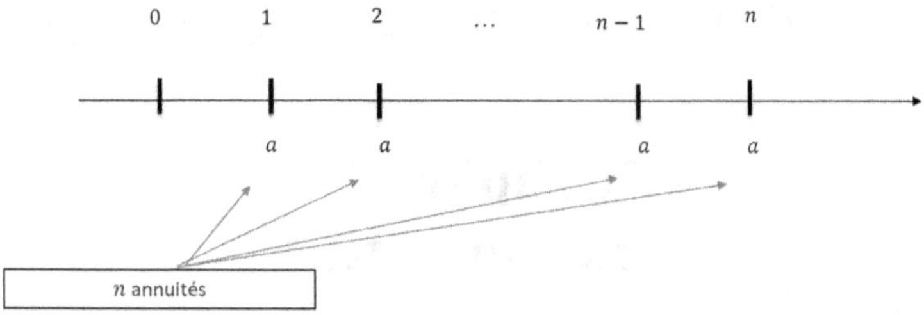


Versement de $n$ annuités constantes égales à $a$ et versées à la fin de chaque période, la première étant versée à la date 1 et la dernière à la date $n$.

## 1.2. Capitalisation : Valeur acquise au dernier versement

La valeur acquise $A_n$ à la date $n$ des $n$ annuités est égale à la somme des valeurs acquises des $n$ annuités constantes :

$$A_n = a + a(1+\tau)^1 + \cdots + a(1+\tau)^{n-2} + a(1+\tau)^{n-1} \Leftrightarrow$$

$$A_n = a\left(\frac{(1+\tau)^n - 1}{\tau}\right)$$

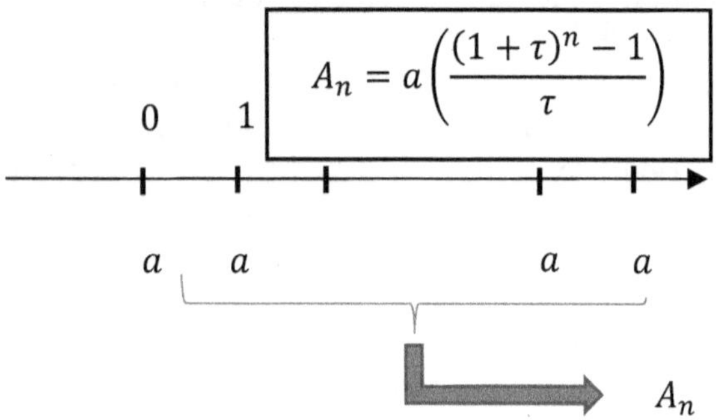

### 1.3. Actualisation : Valeur actuelle une période avant le premier versement

La valeur actuelle $A_0$ à la date 0 des $n$ annuités est égale à la somme des valeurs actuelles des $n$ annuités constantes :

$$A_0 = a(1+\tau)^{-n} + a(1+\tau)^{-(n-1)} + \cdots + a(1+\tau)^{-2} + a(1+\tau)^{-1}$$

$$\boxed{A_0 = a\left(\frac{1-(1+\tau)^{-n}}{\tau}\right)}$$

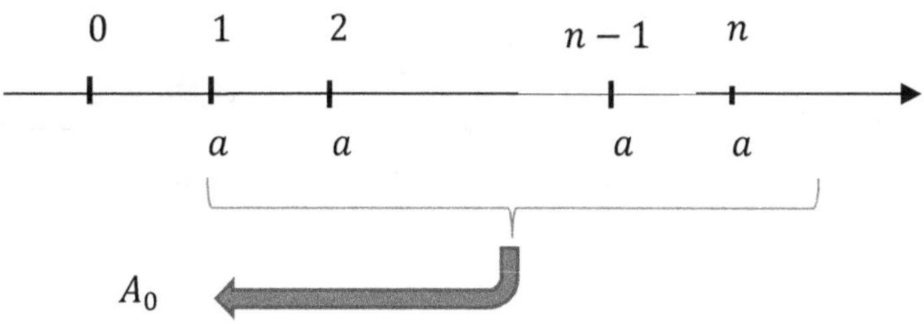


### 1.4. Annuités constantes de début de période

Placement : $n$ annuités constantes $a$ versées au début de chaque période, la première versée à la date 0 et la dernière à la date $n-1$.

## 1.5. Capitalisation : Valeur acquise une période après le dernier versement

La valeur acquise $A'_n$ à la date $n$ des $n$ annuités est égale à la somme des valeurs acquises des $n$ annuités constantes :

$$A'_n = a(1+\tau)^1 + a(1+\tau)^2 + \cdots + a(1+\tau)^{n-1} + a(1+\tau)^n$$

$$\Leftrightarrow$$

$$A'_n = a(1+\tau)\left(\frac{(1+\tau)^n - 1}{\tau}\right)$$

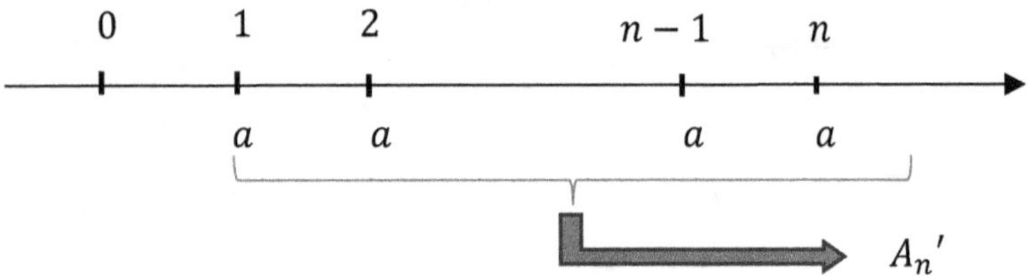


## 1.6. Actualisation : Valeur actuelle à la date du premier versement

La valeur actuelle $A'_0$ à la date 0 des $n$ annuités est égale à la somme des valeurs actuelles des $n$ annuités constantes :

$$A'_0 = a(1+\tau)^{-(n-1)} + a(1+\tau)^{-(n-2)} + \cdots + a(1+\tau)^{-1} + a$$

$$\Leftrightarrow$$

$$A'_0 = a(1+\tau)\left(\frac{(1-(1+\tau)^{-n}}{\tau}\right)$$

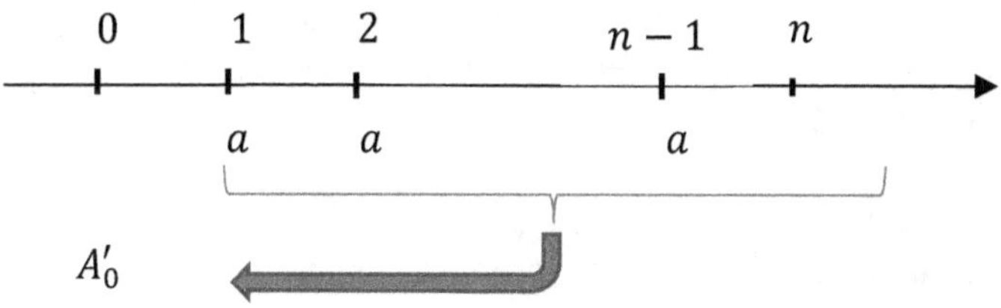


## 2. Exercices

**Exercice 3.1**

Le $1er\ Mai$ 2015, une personne a ouvert un compte épargne rémunérée au taux d'intérêt annuel de 4%. Il s'engage à verser au début de chaque mois un capital de 3.000 Quel est la valeur acquise dont il disposera le $1er\ août$ 2019.

**Exercice 3.2**

Une personne dépose dans son compte épargne chaque fin de mois une somme d'argent 2.000 pendant 96 $mois$. La valeur acquise au dernier versement est égale à 280.000. Calculer le taux d'intérêt annuel de ce placement.

**Exercice 3.3**

Une personne dépose dans son compte épargne chaque début de mois une somme d'argent 5.000 au taux d'intérêt annuel de 3,75%. La valeur acquise 1 $mois$ après le dernier versement est égale à 350.000. Calculer la durée de ce placement.

**Exercice 3.4**

Une personne dépose dans son compte épargne chaque fin de mois une mensualité au taux d'intérêt annuel de 4% pendant 5 $ans$. La valeur acquise au dernier versement est égale à 200.000. Calculer la mensualité de ce placement.

**Exercice 3.5**

Une personne compte acheter à crédit une voiture d'un montant de 240.000. Il compte apporter 30% et rembourser le reste en 36 $mensualités$ à la fin de chaque mois au taux annuel de 7%. Calculer la mensualité constante de remboursement.

**Exercice 3.6**

Une compagnie d'assurance propose à un client pour sa retraite complémentaire à 60 $ans$ deux solutions. 1 : le versement de 900.000 en 2028. 2 : le versement d'une annuité constante à la fin de chaque année à la suite de son départ à la retraite jusqu'à son décès. Le taux d'intérêt annuel fixe est de 3,5%. La compagnie d'assurance estime l'espérance de vie de son client à 80 $ans$. Quelle devrait être l'annuité pour que les solutions soient équivalentes ?

**Exercice 3.7**

Une entreprise achète une nouvelle machine. L'entreprise a le choix entre 4 options :

- Option 1 : règlement comptant de 110.000 et 97.000 dans 3 $ans$.
- Option 2 : règlement de 6 $annuités$ constantes de fin d'année de montant 40.000, la première étant versée dans 2 $ans$.
- Option 3 : règlement de 5 $annuités$ de fin d'année en progression annuelle de 20%, la première égale à 30.660 .
- Option 4 : un premier règlement de 50000 $DH$, suivi de 48 $mensualités$ constantes de 3.415, la première étant versée 13 $mois$ après l'achat de la machine.
- Quelle alternative l'entreprise devra-t-elle choisir si le taux d'intérêt annuel reste fixe à 7% durant les 9 $ans$?

# Chapitre 4
# Emprunts indivis

## 1. Définition emprunt indivis

**Définition :** un emprunt indivis est une dette qu'un emprunteur adresse à un seul créancier (une seule banque). Le nominal de la dette n'est pas divisé.
Une personne emprunte à la date 0 un capital $C_0$ à intérêts composés pendant $n$ périodes au taux d'intérêt $\tau$ par période.

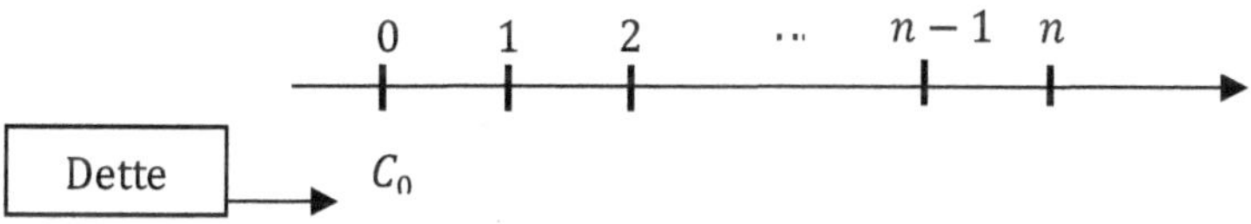


**Amortissement de la dette :** le choix de l'amortissement (ou remboursement) de la dette $C_0$ durant les $n$ périodes de l'emprunt indivis est primordial.

### 1.1. Amortissement de la dette par $n$ annuités : Cas général

La dette $C_0$ est remboursée (amortie) sous forme de $n$ annuités quelconques $a_k$ effectués à la fin de chaque période $k$ :

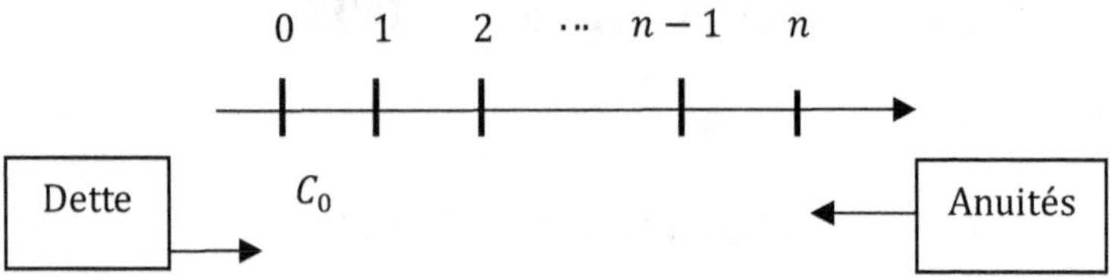


L'emprunteur verse à chaque fin de période $k$ l'annuité $a_k$ définie sous forme :

$$\boxed{a_k = I_k + M_k}$$

où $I_k$ est l'intérêt de la période $k$ défini par :

$$\boxed{I_k = C_{k-1} \times \tau}$$

et $M_k$ est l'amortissement de la période $k$.
La somme des amortissements $M_k$ doit vérifier :

$$\boxed{\sum_{k=1}^{n} M_k = C_0}$$

## 1.2. Tableau d'amortissement : cas général

| Période $k$ | Capital de début de période $C_{k-1}$ | Intérêt $I_k = C_{k-1} \times \tau$ | Amortissement $M_k$ | Annuité $a_k = C_{k-1} \times \tau + M_k$ | Capital de fin de période $C_k = C_{k-1} - M_k$ |
|---|---|---|---|---|---|
| $1$ | $C_0$ | $C_0 \times \tau$ | $M_1$ | $a_1 = C_0 \times \tau + M_1$ | $C_1$ |
| $2$ | $C_1$ | $C_1 \times \tau$ | $M_2$ | $a_2 = C_1 \times \tau + M_2$ | $C_2$ |
| $3$ | $C_2$ | $C_2 \times \tau$ | $M_3$ | $a_3 = C_2 \times \tau + M_3$ | $C_3$ |
| $\vdots$ | $\vdots$ | $\vdots$ | $\vdots$ | $\vdots$ | $\vdots$ |
| $n-1$ | $C_{n-2}$ | $C_{n-2} \times \tau$ | $M_{n-1}$ | $a_n - 1 = C_{n-2} \times \tau + M_{n-1}$ | $C_{n-1}$ |
| $n$ | $C_{n-1} = M_n$ | $C_{n-1} \times \tau$ | $M_n$ | $a_n = C_{n-1} \times \tau + M_n$ | $0$ |

Nous distinguons trois principaux cas d'amortissements : amortissement de la dette in fine, Amortissement de la dette par annuités constantes, Amortissement de la dette par amortissements constants.

## 1.3. Amortissement de la dette in fine

La dette $C_0$ est amortie (remboursée) totalement à la date $n$. Les intérêts de fin de période sont constants de montant $C_0 \times \tau$.

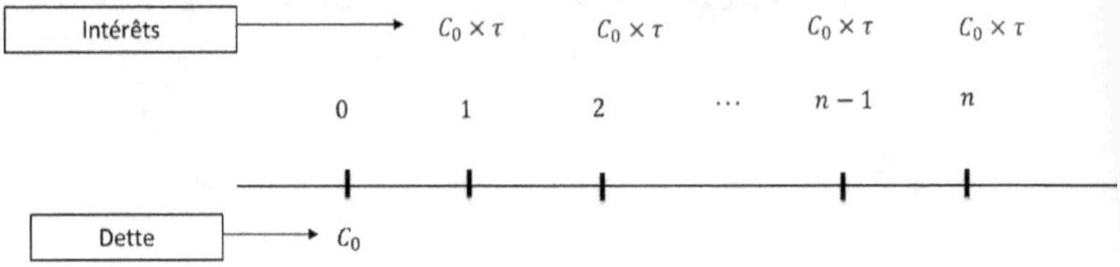


- **Tableau d'amortissement : In fine**

| Période $k$ | Capital de début de période $C_0$ | Intérêt $I_k = C_0 \times \tau$ | Amortissement $M_k$ | Annuité $a_k = I_k + M_k$ | Capital de fin de période $C_k = C_{k-1} - M_k$ |
|---|---|---|---|---|---|
| 1 | $C_0$ | $C_0 \times \tau$ | 0 | 0 | $C_0$ |
| 2 | $C_0$ | $C_0 \times \tau$ | 0 | 0 | $C_0$ |
| 3 | $C_0$ | $C_0 \times \tau$ | 0 | 0 | $C_0$ |
| ⋮ | ⋮ | ⋮ | ⋮ | ⋮ | ⋮ |
| $n-1$ | $C_0$ | $C_0 \times \tau$ | 0 | $C_0 \times \tau$ | $C_0$ |
| $n$ | $C_0$ | $C_0 \times \tau$ | $C_0$ | $C_0 \times \tau + C_0$ | 0 |

### 1.4. Amortissement de la dette par annuité constantes

La dette $C_0$ est amortie (remboursée) sous forme de $n$ annuités constantes égales à $a$ effectuées à la fin de chaque période.

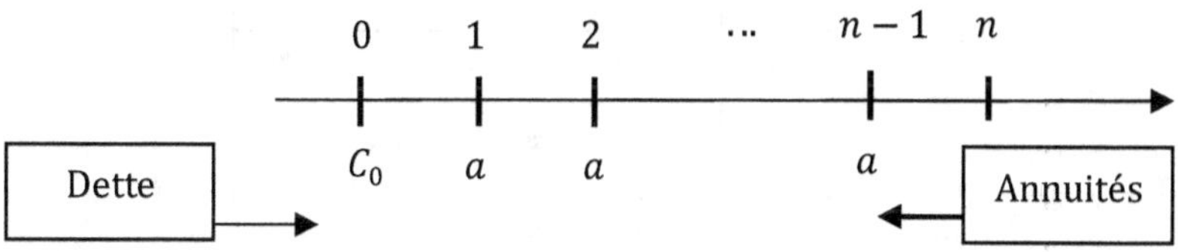


La dette peut être calculée en actualisant les $n$ annuités :

$$C_0 = a\left(\frac{1-(1+\tau)^{-n}}{\tau}\right)$$

L'annuité constante $a$ peut-être déduite par la formule :

$$a = \frac{C_0 \times \tau}{1-(1+\tau)^{-n}}$$

Nous pouvons montrer que la suite des amortissements est une progression géométrique :

$$M_{k+1} = M_k \times (1+\tau)$$

de premier terme $M_1$ :

$$M_1 = \frac{C_0 \times \tau}{(1+\tau)^n - 1}$$

- **Tableau d'amortissement : Annuités constantes**

| Période $k$ | Capital de début de période $C_{k-1}$ | Intérêt $I_k = C_{k-1} \times \tau$ | Amortissement $M_k = a - I_k = M_k(1+\tau)$ | Annuité $a_k = a$ | Capital de fin de période $C_k = C_{k-1} - M_k$ |
|---|---|---|---|---|---|
| $1$ | $C_0$ | $C_0 \times \tau$ | $M_1$ | $a$ | $C_1 = C_0 - M_1$ |
| $2$ | $C_1$ | $C_1 \times \tau$ | $M_2$ | $a$ | $C_2 = C_1 - M_2$ |
| $3$ | $C_2$ | $C_2 \times \tau$ | $M_3$ | $a$ | $C_3 = C_2 - M_3$ |
| $\vdots$ | $\vdots$ | $\vdots$ | $\vdots$ | $\vdots$ | $\vdots$ |
| $n-1$ | $C_{n-2}$ | $C_{n-2} \times \tau$ | $M_{n-1}$ | $a$ | $C_{n-1} = C_{n-2} - M_{n-1}$ |
| $n$ | $C_{n-1}$ | $C_{n-1} \times \tau$ | $M_n$ | $a$ | $0$ |

### 1.5. Amortissement de la dette par amortissements constants

La dette $C_0$ est amortie sous forme de $n$ amortissements constants égaux à $M$. Nous avons :

$$C_0 = n \times M$$

Nous déduisons :

$$M = \frac{C_0}{n}$$

- **Tableau d'amortissement : Amortissements constantes**

| **Période** $k$ | **Capital de début de période** $C_{k-1}$ | **Intérêt** $I_k = C_{k-1} \times \tau$ | **Amortissement** $M$ | **Annuité** $a_k = C_{k-1} \times \tau + M$ | **Capital de fin de période** $C_k = C_{k-1} - M$ |
|---|---|---|---|---|---|
| 1 | $C_0$ | $C_0 \times \tau$ | $M$ | $a_1 = C_0 \times \tau + M$ | $C_0 - M$ |
| 2 | $C_1$ | $C_1 \times \tau$ | $M$ | $a_2 = C_1 \times \tau + M$ | $C_1 - M$ |
| 3 | $C_2$ | $C_2 \times \tau$ | $M$ | $a_3 = C_2 \times \tau + M$ | $C_2 - M$ |
| ⋮ | ⋮ | ⋮ | ⋮ | ⋮ | ⋮ |
| $n-1$ | $C_{n-2}$ | $C_{n-2} \times \tau$ | $M$ | $a_{n-1} = C_{n-2} \times \tau + M$ | $C_{n-2} - M$ |
| $n$ | $C_{n-1} = M$ | $C_{n-1} \times \tau$ | $M$ | $a_n = C_{n-1} \times \tau + M$ | **0** |

## 2. Exercices

**Exercice 4.1**

Une entreprise achète un équipement à crédit au prix de 350.000. Elle s'engage auprès de sa banque à verser 8 annuités constantes de fin de période, la première payable 1 an après la signature du contrat. Sachant que le taux annuel est de 7,5%, construire le tableau d'amortissement de cet emprunt indivis.

**Exercice 4.2**

Un emprunt indivis de 300.000 est remboursable en 6 annuités de fin de période à amortissements constants, la première annuité payable un an après la signature du contrat. Si le taux annuel est de 8%, construire le tableau d'amortissement de cet emprunt.

**Exercice 4.3**

Un particulier obtient auprès de sa banque un prêt à intérêts composés au taux annuel de $\tau = 4\ \%$ (capitalisation annuelle des intérêts). Il souhaite souscrire à un plan de remboursement à annuités constantes sur cinq ans.

1) Sachant que son revenu annuel est de 960.000 et que la loi limite l'annuité de remboursement à 30% du revenu annuel maximum, déterminer l'annuité de remboursement maximale qu'il peut verser.

2) Déterminer la somme qu'il peut emprunter s'il s'engage à verser tous les ans, sur cinq ans, l'annuité maximale de remboursement.

3) Dresser le tableau d'amortissement.

**Exercice 4.4**

Un emprunt d'un montant initial de 10.000.000 est amorti en 8 échéances annuelles de fin de période. Taux d'intérêt : $\tau = 15\ \%$. La première moitié de la dette contractée est remboursable suivant le système des annuités constantes, en 4 échéances. Les 4 dernières échéances sont faites suivant le système des amortissements annuels constants.

Présenter le tableau de remboursement ?

**Exercice 4.5**

Un emprunt d'un montant initial de 10.000.000 est amorti en 8 échéances annuelles de fin de période. Taux d'intérêt : $\tau =$ 15 %. La première moitié de la dette contractée est remboursable suivant le système des amortissements annuels constants, en 4 échéances. Les 4 dernières échéances sont faites suivant le système des annuités constantes.
Présenter le tableau de remboursement ?

**Exercice 4.6**

Une personne gagne 18.000 par mois et n'anticipe pas de modification de ses revenus dans l'avenir. Il veut effectuer un emprunt immobilier sur 15 ans. Sachant que le banquier accepte un ratio mensualité/revenu de 30% et qu'il lui propose un financement à 7% annuel, quel montant peut-il emprunter ?

**Exercice 4.7**

Un emprunt est remboursable au moyen d'annuités constantes. On relève entre autres, dans le tableau d'amortissement de cet emprunt, les indications suivantes :
intérêt contenu dans la 5$^{ème}$ annuité : 62.630,78
Amortissement contenu dans cette même annuité : 54.770,26
Amortissement contenu dans la 8$^{ème}$ annuité : 72.900,23
1) Calculer le montant de la dette initiale.
2) Déterminer le nombre d'annuités.

**Exercice 4.8**

Un emprunt de 1.000.000 a été contracté.
Durée de l'amortissement : 16 ans. Taux annuel : $\tau = 9\%$.
Les 15 premières annuités sont égales chacune à 120.000. La 16$^{ème}$ annuité est de montant différent (l'emprunt n'est donc pas remboursable par annuités constantes).
1) Calculer le montant de la 16$^{ème}$ annuité.
2) Présenter les deux premières et la dernière ligne du tableau d'amortissement.

**Exercice 4.9**

Voici le tableau d'amortissement « très incomplet » d'un bien remboursé par amortissement constant pendant 6 mois.

1) Calculer le montant de l'amortissement.

2) Calculer la valeur du bien acheté et les capitaux restants dus.

3) Calculer le taux mensuel de l'emprunt et compléter le tableau.

| Période | Capital restant dû de début de période | Intérêt | Amortissement | Annuité | Capital restant dû de fin de période |
|---|---|---|---|---|---|
| 1 | | | | | |
| 2 | | | | | |
| 3 | | | | | |
| 4 | | | | | |
| 5 | | 6.060,25 | | 68.560,25 | |
| 6 | | | | | |

**Exercice 4.10**

Un emprunt indivis contracté au taux annuel de $i$ au moyen de 5 annuités. Les amortissements forment une progression géométrique de raison $q$ différent de $1 + i$.

1) Connaissant les intérêts de la deuxième année égaux à 459.450,90 et les intérêts de la quatrième année égaux à 251.550,90, calculer $q$.

2) Connaissant le montant du 3$^{ème}$ amortissement, soit 1.210.000, calculer le taux d'intérêt $i$ et le nominal de l'emprunt $K$.

# Chapitre 5
# Emprunts obligataires

## 1. Définition emprunt obligataires

**Définition :** Un **emprunt obligataire** est une dette émise par une entreprise privée, une société publique, un Etat ou une collectivité publique (émetteur) pour se financer auprès de plusieurs investisseurs (souscripteurs).
La dette est un capital **(le nominal)** assez élevé, divisé en plusieurs titres **(obligations)** ayant la même valeur nominale.
Si $C_0$ est le nominal de la dette émise à la date 0, $N_0$ le nombre d'obligations émises et $V$ est la valeur nominale de l'obligation alors :

$$C_0 = N_0 \times V$$

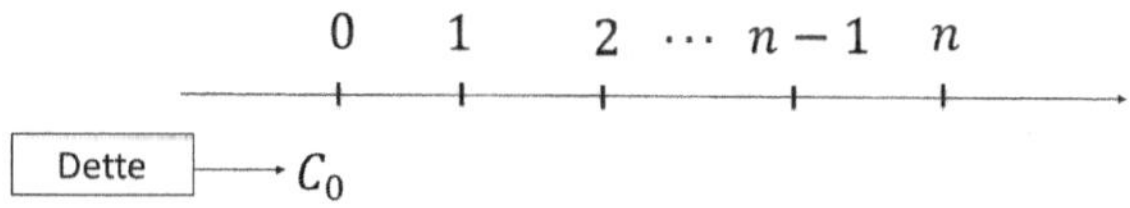


### 1.1. Amortissement de la dette par $n$ anuités : cas général

La dette $C_0$ est amortie sous forme de $n$ annuités effectuées à la fin de chaque période $k$ :

$$a_k = I_k \times M_k$$

où $I_k$ est l'intérêt et $M_k$ l'amortissement de fin de période $k$.

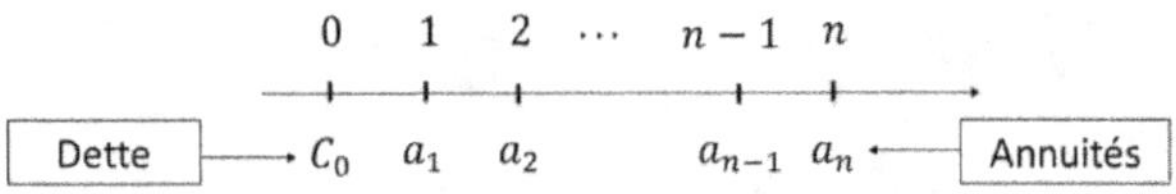


La dette doit être égal à la somme des $n$ amortissements :

$$C_0 = \sum_{k=1}^{n} M_k$$

Pour constituer l'amortissement $M_k$ de la période $k$, l'entreprise émettrice rachète $m_k$ obligations choisies parmi les $N_0$ obligations :

$$M_k = m_k \times V$$

$$N_0 = \sum_{j=1}^{n} m_j$$

## 1.2. Tableau d'amortissement : cas général

| Période $k$ | Capital de début de période $C_{k-1}$ | Intérêt $I_k = C_{k-1} \times \tau$ | Nombre d'obligations amorties $m_k$ | Amortissement $M_k = m_k \times V$ | Annuité $M_k = C_{k-1} \times \tau + M_k$ | Capital de fin de période $C_k = C_{k-1} - M_k$ |
|---|---|---|---|---|---|---|
| 1 | $C_0$ | $C_0 \times \tau$ | $m_1$ | $M_n$ | $a_1 = C_0 \times \tau + M_1$ | $C_1$ |
| 2 | $C_1$ | $C_1 \times \tau$ | $m_2$ | $M_n$ | $a_2 = C_1 \times \tau + M_2$ | $C_2$ |
| 3 | $C_2$ | $C_2 \times \tau$ | $m_3$ | $M_n$ | $a_3 = C_2 \times \tau + M_3$ | $C_3$ |
| ⋮ | ⋮ | ⋮ | ⋮ | ⋮ | ⋮ | ⋮ |
| $n-1$ | $C_{n-2}$ | $C_{n-2} \times \tau$ | $M_{n-1}$ | $M_{n-1}$ | $a_{n-1} = C_{n-2} \times \tau + M_{n-1}$ | $C_{n-1}$ |
| $n$ | $C_{n-1} = M_n$ | $C_{n-1} \times \tau$ | $m_n$ | $M_n$ | $a_n = C_{n-1} \times \tau + M_n$ | 0 |

## 1.3. Remboursement de la dette par annuités constantes

La dette $C_0$ est amortie dans $n$ annuités constantes $a$ effectuées à la fin de chaque période.

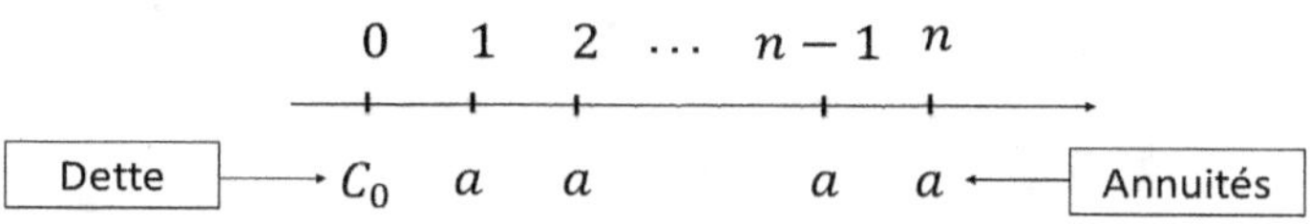

Comme pour les emprunts indivis, l'annuité constante $a$ peut être déduite par la formule :

$$a = \frac{C_0 \times \tau}{1 - (1 + \tau)^{-n}}$$

On a aussi les suites géométriques :

$$a = \frac{C_0 \times \tau}{1 - (1 + \tau)^{-n}}$$

$$M_{k+1} = M_k \times (1 + \tau)$$

$$m_1 = \frac{N_0 \times \tau}{(1 + \tau)^n - 1}$$

$$m_{k+1} = m_k \times (1 + \tau)$$

## 1.4. Tableau d'amortissement : Annuités constantes

| Période<br>$k$ | Capital de début de période<br>$C_{k-1}$ | Intérêt<br>$I_k = C_{k-1} \times \tau$ | Nombre d'obligations amorties<br>$m_k = m_1 \times (1+\tau)^{k-1}$ | Amortissement<br>$M_k = a \times I_k = M_1 \times (1+\tau)^{k-1}$ | Annuité<br>$a$ | Capital de fin de période<br>$C_k = C_{k-1} - M_k$ |
|---|---|---|---|---|---|---|
| 1 | $C_0$ | $C_0 \times \tau$ | $m_1$ | $M_n$ | $a$ | $C_1 = C_0 - M_1$ |
| 2 | $C_1$ | $C_1 \times \tau$ | $m_2$ | $M_n$ | $a$ | $C_2 = C_1 - M_2$ |
| 3 | $C_2$ | $C_2 \times \tau$ | $m_3$ | $M_n$ | $a$ | $C_3 = C_2 - M_3$ |
| ⋮ | ⋮ | ⋮ | ⋮ | ⋮ | ⋮ | ⋮ |
| $n-1$ | $C_{n-2}$ | $C_{n-2} \times \tau$ | $M_{n-1}$ | $M_{n-1}$ | $a$ | $C_{n-1} = C_{n-2} - M_{n-1}$ |
| $n$ | $C_{n-1} = M_n$ | $C_{n-1} \times \tau$ | $m_n$ | $M_n$ | $a$ | **0** |

## 1.5. Remboursement de la dette par amortissements constants

La dette $C_0$ est amortie sous forme de $n$ amortissements constants égaux à $M$ et de nombres d'obligations constants égaux à $m$ :

$$M = \frac{C_0}{n} = m \times V \Leftrightarrow \qquad m = \frac{N_0}{n}$$

## 1.6. Tableau d'amortissement : amortissements constants

| Période | Capital de début de période | Intérêt | Nombre d'obligations amorties | Amortissement | Annuité | Capital de fin de période |
|---|---|---|---|---|---|---|
| $k$ | $C_{k-1}$ | $I_k = C_{k-1} \times \tau$ | $m$ | $M$ | $a_k = C_{k-1} \times \tau + M$ | $C_k = C_{k-1} - M_k$ |
| 1 | $C_0$ | $C_0 \times \tau$ | $m$ | $M$ | $a_1 = C_0 \times \tau + M$ | $C_0 - M$ |
| 2 | $C_1$ | $C_1 \times \tau$ | $m$ | $M$ | $a_1 = C_1 \times \tau + M$ | $C_1 - M$ |
| 3 | $C_2$ | $C_2 \times \tau$ | $m$ | $M$ | $a_1 = C_2 \times \tau + M$ | $C_2 - M$ |
| ⋮ | ⋮ | ⋮ | ⋮ | ⋮ | ⋮ | ⋮ |
| $n-1$ | $C_{n-2}$ | $C_{n-2} \times \tau$ | $m$ | $M$ | $a_{n-1} = C_{n-2} \times \tau + M$ | $C_{n-2} - M$ |
| $n$ | $C_{n-1} = M$ | $C_{n-1} \times \tau$ | $m$ | $M$ | $a_n = C_{n-1} \times \tau + M$ | 0 |

## 2. Exercices

**Exercice 5.1**

Un emprunt obligataire de nominal 12.750.000 est divisé en 7500 $obligations$. Le Taux d'intérêt nominal annuel est $\tau = 12\%$. Sachant que l'entreprise émettrice rachète à la fin de chaque année, successivement, les nombres suivants d'obligations :

$$1000,\ 1200,\ 1050,\ 1250,\ 1450,\ 1550$$

**Exercice 5.2**

Un emprunt obligataire de nominal 32.000.000 est divisé en 16000 $obligations$. Le taux d'intérêt nominal annuel est $\tau = 12\%$. Sachant que l'amortissement de l'emprunt s'effectue par annuités constantes sur 6 $ans$, construisez le tableau d'amortissement de l'emprunt obligataire.

**Exercices 5.3**

Une entreprise émet 16.000 obligations de 2.000 chacune. Le remboursement de l'emprunt s'effectue par amortissements constants sur 5 ans. Le taux d'intérêt nominal annuel est $\tau = 12\%$. Construisez le tableau d'amortissement de l'emprunt obligataire.

**Exercices 5.4**

Un emprunt obligataire de nominal 12.750.000 est divisé en 7.500 obligations. Le Taux d'intérêt nominal annuel est $i = 5\ \%$. Sachant que l'entreprise émettrice rachète à la fin de chaque année, successivement, les nombres suivants d'obligations :

$$1.000,\ 1.200,\ 1.050,\ 1.250,\ 1.450,\ 1.550$$

Les obligations sont émises et remboursées au pair.

**Exercices 5.5**

Un emprunt obligataire de nominal 15.000.000 est divisé en 6.000 obligations. Le Taux d'intérêt nominal annuel est $i = 5\ \%$. Sachant que l'amortissement de l'emprunt

s'effectue in fine sur 5 ans, construisez le tableau d'amortissement de l'emprunt obligataire.
Les obligations sont émises et remboursées au pair.

# Solutions des exercices

## Exercices du chapitre 1

**Solutions de l'exercice 1.1**

Les données sont : $C_0 = 125.000$ ; $\tau_a = 0{,}06/an$ ; $n_j = 96\,jours$

- L'intérêt produit pendant les 96 jours est donné par :

$$\frac{I = C_0 \times \tau_a \times n_j}{360} \Leftrightarrow I = 2.000$$

- La valeur acquise perçue est donnée par :

$$VD = C_0 + I \Leftrightarrow VD = 127.000$$

**Solution de l'exercice 1.2**

Les données sont : $C_0 = 150.000$ ; $\tau_a = 0{,}065/an$ ; $n_m = 7\,mois$

- L'intérêt produit pendant les 96 jours est donné par :

$$\frac{I = C_0 \times \tau_a \times n_m}{12} \Leftrightarrow I = 5687{,}50$$

- La valeur acquise perçue est donnée par :

$$VD = C_0 + I \Leftrightarrow VD = 155.687{,}50$$

**Solution de l'exercice 1.3**

Les données sont : $C_0 = 300.000$ ; $\tau_a = 0{,}065/an$

- Cherchons le nombre de jours du 17 mars au 27 juillet de l'année 2018 :

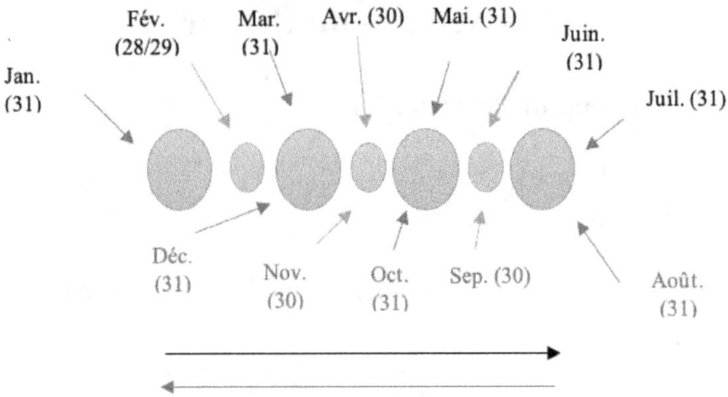


Main gauche (poing fermé)

| | |
|---|---|
| 17 Mars au 31 mars | 14 jours |
| Avril | 30 jours |
| Mai | 31 jours |
| 1 Juillet au 27 juillet | 27 jours |

- L'intérêt produit pendant les 132 jours est donné par :

$$\frac{I = C_0 \times \tau_a \times n_j}{360} \Leftrightarrow I = 6875$$

- La valeur acquise (valeur définitive) perçue après 132 jours est donnée par

$$VD = C_0 + I \Leftrightarrow VD = 306.875$$

**Solutions de l'exercice 1.4**

$\tau_a = 0{,}07/an$ ;

$n_j = nombre\ de\ jours\ du\ 12\ juillet\ 2019\ au\ 10\ mars\ 2020$ ;
$C_{n_j} = 120.000$ : valeur à capitaliser le 10 mars 2020

1- Cherchons $C_0 = le\ capital$ à $placer$ :

Nombre de jours $n_j$ ?

2020 est bissextile : 2020 est divisible par 4 et non divisible par 100.

| | |
|---|---|
| 9 Juillet au 31 juillet 2019 | 22 jours |
| Août 2019 | 31 jours |
| Septembre 2019 | 30 jours |
| Octobre 2019 | 31 jours |
| Novembre 2019 | 30 jours |
| Décembre 2019 | 31 jours |
| Février 2020 | 29 jours |
| 1 Mars au 10 mars 2020 | 10 jours |
| Total | $n_j = 245\ jours$ |

La valeur actuelle est donnée par :

$$C_0 = C_{n_j}\left(1 + \frac{\tau_a \times n_j}{360}\right)^{-1}$$

$$C_0 = 114.543{,}29$$

2- Le capital $C_0 = 112.600$ est insuffisant pour acheter la voiture le 10 mars 2020.

La solution est la prolongation de la durée $n_j$ du placement tel que

$$C_0 = C_{n_j}\left(1 + \frac{\tau_a \times n_j}{360}\right)^{-1} \Leftrightarrow n_j = \frac{360}{\tau_a}\left(\frac{C_{n_j}}{C_0} - 1\right)$$

$$n_j = 338\ jours$$

La personne doit attendre $338 - 245 = 93\ jours$ après le 10 mars 2020. Il attendra donc jusqu'au jeudi 11 juin 2020.

**Solution de l'exercice 1.5**

$C_0 = 5.000$ : La valeur nominale ; $I$ : L'intérêt précompté ; $\tau_a$ : le taux nominal annuel ; $\tau_m$ : le taux nominal mensuel ; $\tau_{em}$ : le taux effectif mensuel ; $n_m$ : nombre de mois

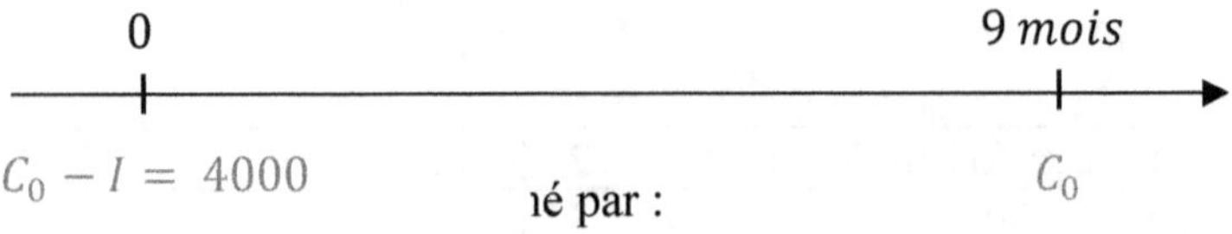


ıé par :

$$I = C_0 - 4.000 = 5.000 - 4.000 = 1.000$$

Le taux d'intérêt nominal mensuel est donné par :

$$I = C_0 \times \tau_m \times n_m \Leftrightarrow$$
$$\tau_m = \frac{I}{C_0 \times \tau_m} \Leftrightarrow$$

$\tau_m = 0{,}06667\%$ mensuel

On déduit le taux d'intérêt nominal annuel proportionnel :

$\tau_a = 12 \times \tau_m = 8\ \%$ annuel

Le taux d'intérêt effectif mensuel est donné par :

$$\tau_{em} = \frac{\tau_m}{1 - \tau_m \times n_m}$$

$$\tau_{em} = 0{,}8333\%\ mensuel$$

On déduit le taux d'intérêt effectif annuel proportionnel :

$$\tau_e = 12\ \times \tau_{em} = 10\%\ annuel$$

On remarque que :

$$\boxed{\tau_e > \tau_a}$$

**Solution de l'exercice 1.6**

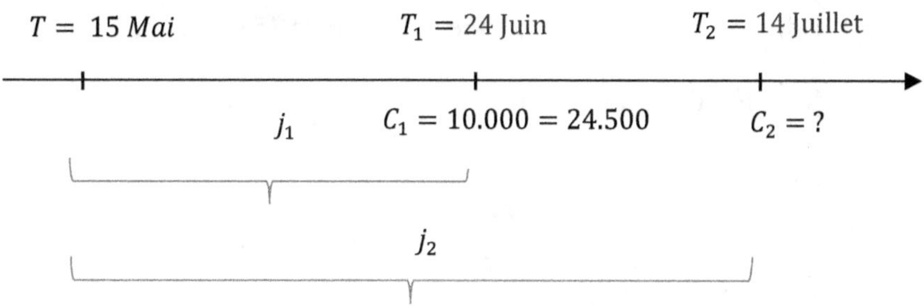


$$VA_1 = VA_2 \Leftrightarrow$$

$$C_1\left(1 - \frac{\tau \times j_1}{360}\right) = C_2\left(1 - \frac{\tau \times j_2}{360}\right) \Leftrightarrow$$

$$C_2 = C_1\left(1 - \frac{\tau \times j_1}{360}\right)\left(1 - \frac{\tau \times j_2}{360}\right)^{-1} \Leftrightarrow$$

$$\boxed{C_2 = 10073{,}83}$$

**Solution de l'exercice 1.7**

$T = 15\ Juin$ ; $T_1 = 13\ Juillet$ ; $T_2 = 21\ Août$ ;
$T_3 = 20\ Septembre$ ;
$C_1 = 4.000$ ; $C_2 = 5.000$ ; $C_3 = 12.000$ ; $C = 21.200$ ;
$j_1 = 28$ ; $j_2 = 67$ ; $j_3 = 97$ ;
$j_1$ = nombre de jours entre $T$ et $T_c$

L'effet unique remplace les 3 effets si :

$$VA_1 = \sum_{k}^{K} VA_k$$

$$C\left(1 - \frac{\tau \times j}{360}\right) = \sum_{k}^{K} C_k\left(1 - \frac{\tau \times j_k}{360}\right)$$

$$J = \frac{360}{C \times \tau}\left[C - \sum_{k}^{3}\left(\frac{C_k \times \tau \times j_k}{360}\right)\right] \Leftrightarrow j = 102\,jours$$

La date d'échéance $T_c$ se situe alors vers le 25 septembre 2017.

**Solution de l'exercice 1.8**

Données :
$C = 35.500\,DH \quad \tau = 9\%$
La durée réelle entre le 10 avril et le 27 juillet :
Durée réelle : 108 jours
$j = Nombre\ de\ jours = 108 + 1 = 109\,jours$

- L'escompte est donné par :

$$E = \frac{C \times \tau \times j}{360} \Leftrightarrow E = 967{,}375$$

- L'agio HT est donné par :

$$Agio\ (HT) = E + commissions \Leftrightarrow$$

$$Agio\ (HT) = 969{,}375$$

- L'agio TTC est donné par :

$$Agio\ (TTC) = Agio + (HT) \times 1{,}10 \Leftrightarrow$$

$$Agio\ (TTC) = 1066{,}31$$

- La valeur actuelle :

$$Valeur\ actuelle = valeur\ nominale - E \Leftrightarrow$$

$$Valeur\ actuelle = 34.532{,}63$$

- La valeur actuelle nette :

$$Valeur\ actuelle\ nette = valeur\ nominale - Agio(TTC) \Leftrightarrow$$

$$Valeur\ actuelle\ nette = 34.433{,}69$$

**Solution de l'exercice 1.9**

Données :

Placement 1 : $C_1 = 25.000$ $\tau_1 = 0{,}025$

Placement 2 : $C_2 = 15.000$ $\tau_2 = 0{,}044$

Placement 3 : $C_3 = 22.000$ $\tau_3 = 0{,}036$

Cherchons les durées des trois placements :

La durée du Placement 1 du 10 mai 2020 au 15 juin 2020 :

10 mai 2020 au 31 Mai 2020 : 21 jours

1 Juin au 15 juin 2020 : 15 jours

$\boldsymbol{n_1}$ **= 36 jours**

La durée du Placement 2 du 10 mai 2020 au 10 juillet 2020 :

10 mai 2020 au 31 Mai 2020 : 21 jours

1 Juin au 30 juin 2020 : 30 jours

1 Juillet au 10 juillet 2020 : 10 jours

$\boldsymbol{n_2}$ **= 61 jours**

La durée du Placement 3 du 10 mai 2020 au 8 Aout 2020 :

10 mai 2020 au 31 Mai 2020 : 21 jours

1 Juin au 30 juin 2020 : 30 jours

1 Juillet au 31 juillet 2020 : 31 jours

1 Aout au 8 juillet 2020 : 8 jours

$\boldsymbol{n_3}$ **= 90 jours**

Le taux d'intérêt annuel moyen est donné par :

$$\tau_m = \frac{\sum_{k=1}^{3}(C_k \times n_k)\tau_k}{\sum_{k=1}^{3}(C_k \times n_k)}$$

$$\Leftrightarrow \tau_m = \frac{(C_1 \times n_1)\tau_1 + (C_2 \times n_2)\tau_2 + (C_3 \times n_3)\tau_3}{(C_1 \times n_1) + (C_2 \times n_2) + (C_3 \times n_3)}$$

$$\tau_m = \frac{(25.000 \times 36) \times 0{,}025 + (15.000 \times 61) \times 0{,}044 + (22.000 \times 90) \times 0{,}036}{25.000 \times 36 + 15.000 \times 61 + 22.000 \times 90}$$

$$= 0{,}0353$$

**Solution de l'exercice 1.10**

Premier effet :

$C_1$: Valeur nominale = 30.000

$T_1$: Date d'échéance = 30 mai 2020

$VA_1$: Valeur actuelle de l'effet 1

$j_1$: Nombre de jours entre $T$ *et* $T_1$

Deuxième effet :

$C_2$: Valeur nominale = 30.216

$T_2$: Date d'échéance = 10 Juillet 2020

$VA_2$: Valeur actuelle de l'effet 2

$j_2$: Nombre de jours entre $T$ *et* $T_2$

Schéma :

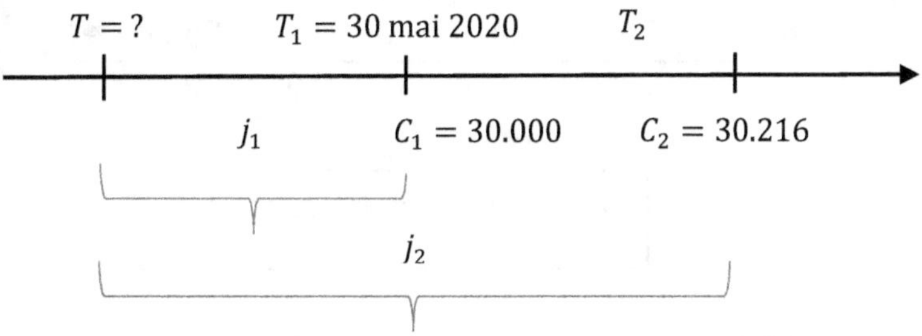


La durée entre la date $T_1 = 30$ mai 2020 et la date $T_2 =$ 10 juillet 2020 est égal à $j_2 - j_1$

Le 30 Mai 2020 : 1 jour
Du 1 Juin 2020 au 30 Juin : 30 jours
Du 1 Juillet 2020 au 10 Juillet 2020 : 10 jours

$$j_2 - j_1 = 41$$

Le premier effet est équivalent au deuxième effet à la date d'équivalence $T$ s'ils ont la même valeur actuelle à la date $T$:

$VA_1 = VA_2$

$$\Leftrightarrow C_1\left(1 - \frac{\tau \times j_1}{360}\right) = C_2\left(1 - \frac{\tau \times j_2}{360}\right)$$

$$\Leftrightarrow C_1\left(1 - \frac{\tau \times j_1}{360}\right) = C_2\left(1 - \frac{\tau \times (j_1 + 41)}{360}\right)$$

$$\Leftrightarrow C_1 - \frac{C_1 \times \tau \times j_1}{360} = C_2 - \frac{C_2 \times \tau \times (j_1 + 41)}{360}$$

$$\Leftrightarrow \frac{C_2 \times \tau \times (j_1 + 41)}{360} - \frac{C_1 \times \tau \times j_1}{360} = C_2 - C_1$$

$$\Leftrightarrow \frac{C_2 \times \tau \times j_1 + 41}{360} - \frac{C_1 \times \tau \times j_1}{360} = C_2 - C_1$$

$$\Leftrightarrow \frac{C_2 \times \tau \times 41}{360} (C_2 - C_1)\frac{\tau}{360} j_1 = C_2 - C_1 - \frac{C_2 \times \tau \times 41}{360}$$

$$\Leftrightarrow j_1 = \frac{C_2 - C_1 - \frac{C_2 \times \tau \times 41}{360}}{(C_2 - C_1)\frac{\tau}{360}}$$

$$\Leftrightarrow j_1 = \frac{360 \times (C_2 - C_1) - C_2 \times \tau \times 41}{(C_2 - C_1)\tau}$$

$$\Leftrightarrow j_1 = \frac{360 \times (30.216 - 30.000) - 30.216 \times 0{,}0624 \times 41}{(30.216 - 30.000) \times 0{,}0624}$$

$$\boxed{j_1 = 33{,}7863 \approx 34 \text{ Jours}}$$

La date $T$ se trouve donc à presque $j_1 = 34$ jours de la date $T_1 =$ 30 mai 2020.
Il faut enlever 30 jours de Avril 2020 et 4 jours de Mars 2020. On tombe sur le 27 Mars 2020 (le mois de Mars contient 31 jours).

La date $T$ d'équivalence des deux effets est donc le 27 Mars 2020

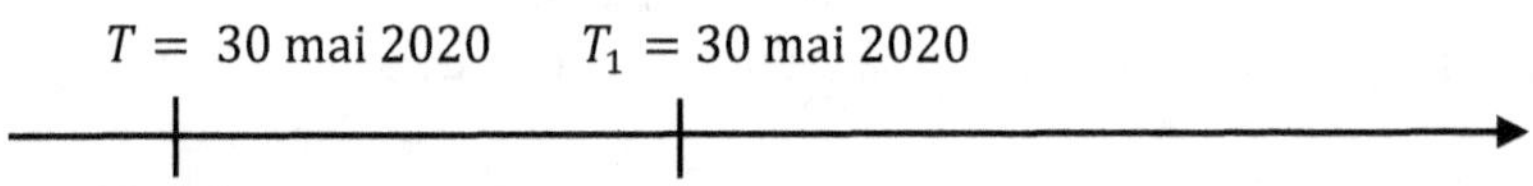


Vérification :

$$C_1\left(1 - \frac{\tau \times j_1}{360}\right) = 30.000 \times \left(1 - \frac{0{,}0624 \times 34}{360}\right) = 29.823$$

$$C_2\left(1 - \frac{\tau \times j_2}{360}\right) = 30.216 \times \left(1 - \frac{0{,}0624 \times 75}{360}\right) = 29.823$$

Donc :

$$C_1\left(1 - \frac{\tau \times j_1}{360}\right) = C_2\left(1 - \frac{\tau \times j_2}{360}\right)$$

### Solution de l'exercice 1.11

Schéma :

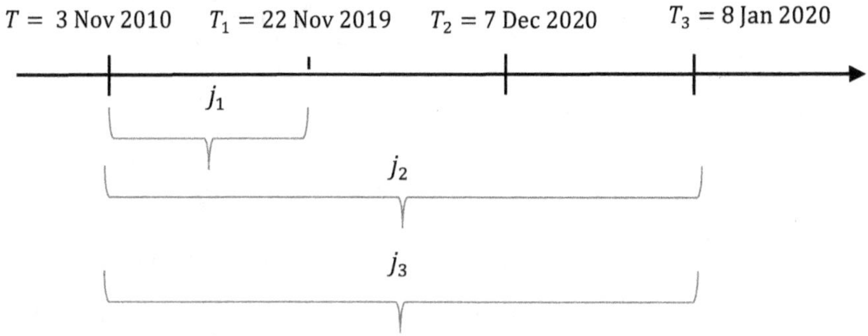


**Données et notations :**

Taux d'intérêt annuel = 0,062

$T$ : date d'équivalence = 3 novembre 2019

$T_1$ : date d'échéance de l'effet 1 = 22 Novembre 2019

$T_2$ : date d'échéance de l'effet 2 = 7 Décembre 2019

$T_3$ : date d'échéance de l'effet 3 = 8 Janvier 2020

$C_1$: valeur nominale de l'effet 1 = 42.000

$C_2$: valeur nominale de l'effet 2 = 60.000

$C_3$: valeur nominale de l'effet 3 = 90.000

$j_1$: nombre de jours entre T et $T_1 = 19$

$j_2$: nombre de jours entre T et $T_2 = 34$

$j_3$: nombre de jours entre T et $T_3 = 66$

L'effet de commerce de remplacement :

$C$ : valeur nominale = 198.500 ;

$T_C$ : date d'échéance commune = ?

$j$ : durée entre $T$ et la $T_C =$ ?

$VA$ : valeur actuelle de l'effet d'équivalence

L'effet unique remplace les 3 effets si :

$$\boldsymbol{C}\left(1-\frac{\tau \times j}{360}\right)=\sum_{k=1}^{3} C_k\left(1-\frac{\tau \times j_k}{360}\right)$$

$$\Leftrightarrow \frac{C \times \tau \times j}{360} = C - \sum_{k=1}^{3} C_k \left(1 - \frac{\tau \times j_k}{360}\right)$$

$$\Leftrightarrow j = \left(\frac{360}{C \times \tau}\right) \times \left(C - \sum_{k=1}^{3} C_k \left(1 - \frac{\tau \times j_k}{360}\right)\right)$$

$$\Leftrightarrow j = \frac{360}{C \times \tau} \times \Big(C - C_1 - C_2 - C_3 + \frac{\tau}{360}(C_1 \times j_1 + C_2 \times j_2 + C_3 \times j_3)\Big)$$

$$\Leftrightarrow j = \frac{360}{198.500 \times 0,062}\Big(198.500 - 42.000 - 60.000 - 90.000 + \frac{0,062}{360}(42.000 \times 19 + 60.000 \times 34 + 90.000 \times 66)\Big)$$

Donc la durée entre $T$ =03/11/2019 et la date $T_C$ est :

$$j_1 = 234$$

On déduit la date d'échéance commune :

$T_C$ = 24/06/2020

Schéma :

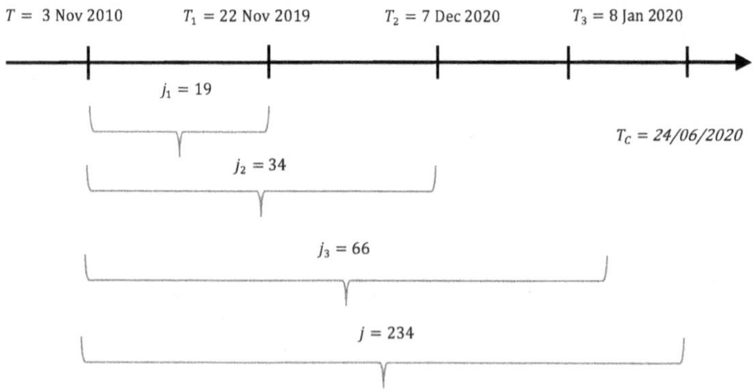

## Solution de l'exercice 1.12

Schéma :

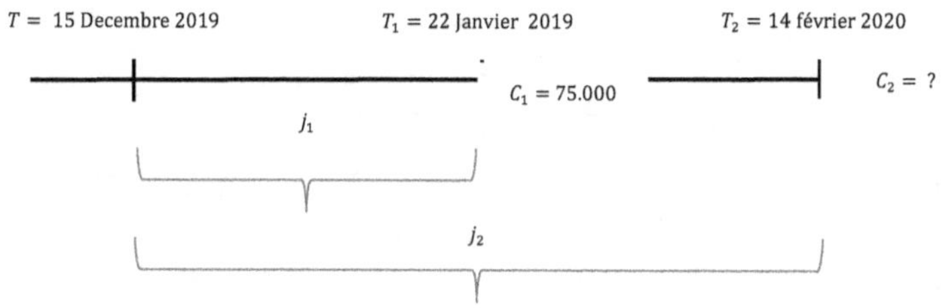


Données :

$\tau$ : Taux d'escompte = 0,08  $T$: La date d'équivalence des deux billets à ordre

| |
|---|
| Premier billet à ordre :<br><br>$C_1$: Valeur nominale = 75.000<br><br>$T_1$: Date d'échéance = 30 mai 2020<br><br>$VA_1$: Valeur actuelle de l'effet 1<br><br>$j_1$: Nombre de jours entre $T$ $et$ $T_1$ |
| Deuxième billet à ordre :<br><br>$C_2$: Valeur nominalc = 30.216<br><br>$T_2$: Date d'échéance = 10 Juillet 2020<br><br>$VA_2$: Valeur actuelle de l'effet 2<br><br>$j_2$: Nombre de jours entre $T$ $et$ $T_2$ |

La durée entre la date $T$ =15 décembre 2019 et la date $T_1$= 22 janvier 2020 est égalé :

Le 15 Décembre 2019 : 16 jours
Du 1 Janvier 2020 au 22 Janvier 2020 : 22 jours

$$\boxed{j_1 = 38 \text{ Jours}}$$

La durée entre la date $T$ =15 décembre 2019 et la date $T_2$ = 14 février 2020 est égalé
Le 15 Décembre 2019 : 16 jours
Du 1 Janvier 2020 au 22 Janvier 2020 : 22 jours
Du 22 Janvier 2020 au 31 Janvier 2020 : 9 jours
Du 1 février 2020 au 31 Février 2020 : 14 jours

$$\boxed{j_1 = 61 \text{ Jours}}$$

Le premier billet à ordre est équivalent au deuxième billet à ordre à la date d'équivalence $T$ s'ils ont la même valeur actuelle à la date $T$ :

$VA_1 = VA_2$

$$\Leftrightarrow C_1\left(1 - \frac{\tau \times j_1}{360}\right) = C_2\left(1 - \frac{\tau \times j_2}{360}\right)$$

$$\Leftrightarrow 75.000 - \frac{75.000 \times 0{,}08 \times 38}{360} = C_2\left(1 - \frac{0{,}08 \times 61}{360}\right)$$

$$\Leftrightarrow C_1 - \frac{C_1 \times \tau \times j_1}{360} = C_2 - \frac{C_2 \times \tau \times j_2}{360}$$

$$\Leftrightarrow 74.366{,}67 = C_2(0{,}98645)$$

$$\boxed{C_1 = 75.388{,}60}$$

Vérification :

$$C_1\left(1 - \frac{\tau \times j_1}{360}\right) = 75.000 \times \left(1 - \frac{0{,}08 \times 38}{360}\right) = 74.366{,}67$$

$$C_2\left(1 - \frac{\tau \times j_2}{360}\right) = 75.388{,}60 \times \left(1 - \frac{0{,}08 \times 61}{360}\right) = 74.366{,}67$$

Donc :

$$C_1\left(1-\frac{\tau\times j_1}{360}\right)=C_2\left(1-\frac{\tau\times j_2}{360}\right)$$

**Solution de l'exercice 1.13**

Données :

$C = 20.000\ DH \qquad \tau = 13\%$

La durée réelle entre le 17 mars 2020 et le 30 avril 2020 :

17 mars 2020 au 31 mars 2020 : 14 jours

1 avril 2020 au 30 avril 2020 : 30 jours

$$\boxed{\text{Durée réelle} = 44 \text{ jours}}$$

On déduit :

$j$ = Nombre de jours
= Durée de jours + jours de valeurs de la banque

$$\boxed{j = 44 + 1 = 45 \text{ jours}}$$

L'escompte est donné par :

$$E = \frac{C \times \tau \times j}{360}$$

$$\Leftrightarrow \frac{20.000 \times 0{,}13 \times 45}{360}$$

$$\boxed{E = 325}$$

L'agio HT est donné par :

$$Agio(HT) = E + Commissions$$

$$\boxed{Agio\ (HT) = 385\ = 325}$$

L'agio T.T.C est donné par :

$$Agio(TTC) = Agio(HT) \times TVA \Leftrightarrow 385 \times (1 + 0{,}07)$$

$$\Leftrightarrow \quad \boxed{Agio\ (T.T.C) = 411{,}95}$$

La valeur actuelle :

$$Valeur\ actuelle = Valeur\ nominale - E$$

$$\Leftrightarrow \quad \boxed{Valeur\ actuelle = 19.695}$$

La valeur actuelle nette :

$$Valeur\ actuelle\ nette = Valeur\ nominale - Agio(TTC)$$
$$\Leftrightarrow 20.000 - 411{,}95$$

$$\Leftrightarrow \quad \boxed{Valeur\ actuelle\ nette = 19.588{,}05}$$

**Solution de l'exercice 1.14**

Données :

$C = 45.000\ DH \quad \tau = 12{,}50\%$

La durée réelle entre le 20 décembre 2019 et le 20 janvier 2020 :

20 décembre 2019 au 31 décembre 2019 : 11 jours

1 janvier 2020 au 20 janvier 2020 : 20 jours

$$\boxed{Durée\ réelle = 31\ jours}$$

On déduit :

$$j = \text{Nombre de jours}$$
$$= \text{Durée de jours + jours de valeurs de la banque}$$

$$\boxed{j = 31 + 1 = 32\ jours}$$

L'escompte est donné par :

$$E = \frac{C \times \tau \times j}{360}$$
$$\Leftrightarrow \frac{45.000 \times 0{,}125 \times 32}{360}$$

$$\boxed{E = 500}$$

L'agio HT est donné par :

$$Agio(HT) = E + Commissions$$

$$\boxed{Agio\ (HT) = 502}$$

L'agio T.T.C est donné par :

$$Agio(TTC) = Agio(HT) \times TVA \Leftrightarrow 502 \times (1 + 0{,}125)$$

$$\boxed{Agio\ (T.T.C) = 564{,}75}$$

La valeur actuelle :

$$Valeur\ actuelle = Valeur\ nominale - E$$

$$\Leftrightarrow \boxed{Valeur\ actuelle = 44.500}$$

La valeur actuelle nette :

$$Valeur\ actuelle\ nette = Valeur\ nominale - Agio(TTC)$$
$$\Leftrightarrow 45.000 - 564,75$$

$$\boxed{Valeur\ actuelle\ nette = 44.435,25}$$

**Solution de l'exercice 1.15**

Schéma :

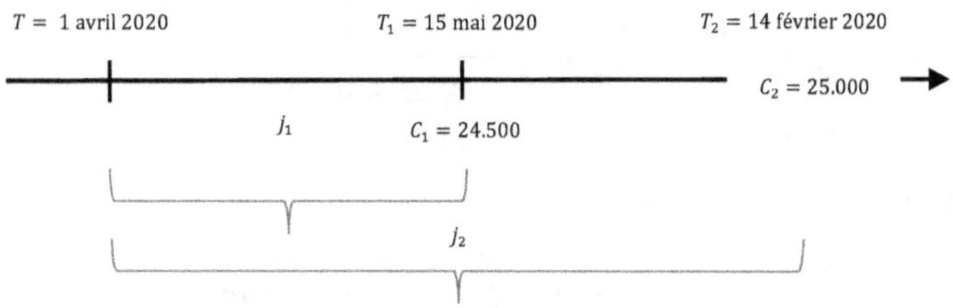


Données :
$\tau$ : Taux d'escompte = ? $T$: La date d'équivalence des deux billets à ordre

| |
|---|
| Premier billet à ordre : |
| $C_1$: Valeur nominale = 24.500 |
| $T_1$: Date d'échéance = 15 mai 2020 |
| $VA_1$: Valeur actuelle de l'effet 1 |
| $j_1$: Nombre de jours entre $T\ et\ T_1$ |

Deuxième billet à ordre :

$C_2$: Valeur nominale = 25.000

$T_2$: Date d'échéance = 15 Juillet 2020

$VA_2$: Valeur actuelle de l'effet 2

$j_2$: Nombre de jours entre $T$ et $T_2$

La durée entre la date $T$ =1 avril 2020 et la date $T_1$ = 15 mai 2020 est égalé
Le 15 Décembre 2019 : 29 jours
Du 1 Janvier 2020 au 22 Janvier 2020 : 15 jours

$$J_1 = 44 \text{ jours}$$

La durée entre la date $T$ =1 avril 2020 et la date $T_2$ = 15 juillet 2020 est égalé

Le 1 avril 2020 au 30 avril 2020 : 29 jours
mai 2020 : 31 jours
Juin 2020 : 30 jours
Du 1 juillet 2020 au 15 juillet 2020 : 15 jours

$$J_2 = 105 \text{ jours}$$

Le premier effet est équivalent au deuxième effet à la date d'équivalence $T$ s'ils ont la même valeur actuelle à la date $T$:

$VA_1 = VA_2$

$$\Leftrightarrow C_1\left(1 - \frac{\tau \times j_1}{360}\right) = C_2\left(1 - \frac{\tau \times j_2}{360}\right)$$

$$\Leftrightarrow C_1 - \frac{C_1 \times \tau \times j_1}{360} = C_2 - \frac{C_2 \times \tau \times j_2}{360}$$

$$\Leftrightarrow 24.500 - \frac{24.500 \times \tau \times 44}{360} = 25.000 - \frac{24.500 \times \tau \times 105}{360}$$

$$\Leftrightarrow 24.500 - 2994,45 \times \tau = 25.000 - 7291,67 \times \tau$$

$$\Leftrightarrow 7291,67 \times \tau - 2994,45 \times \tau = 25.000 - 24.500$$

$$\Leftrightarrow 7291,67 \times \tau - 2994,45 \times \tau = 500$$

$$4297,22 \times \tau = 500$$

$$\Leftrightarrow \frac{4297,22}{500} = \tau$$

$$\boxed{\tau = 11,63\%}$$

**Solution de l'exercice 1.16**

Schéma :

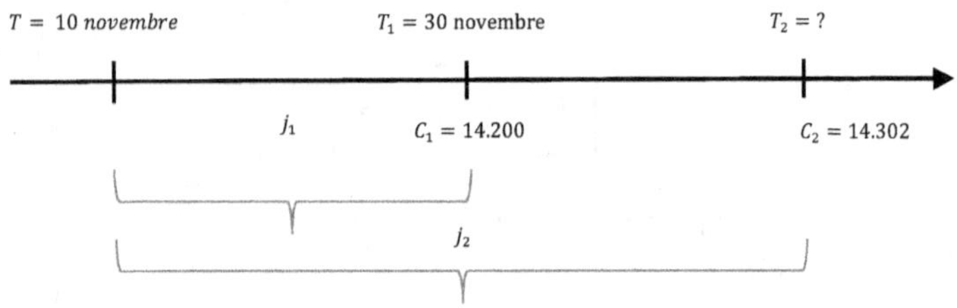


Données :

$\tau$ : Taux d'escompte = ? $T$: La date d'équivalence des deux billets à ordre

| |
|---|
| Premier billet à ordre : |
| $C_1$: Valeur nominale = 14.200 |
| $T_1$: Date d'échéance = 30 novembre |
| $VA_1$: Valeur actuelle de l'effet 1 |
| $j_1$: Nombre de jours entre $T$ $et$ $T_1$ |

Deuxième billet à ordre :

$C_2$: Valeur nominale = 14.320

$T_2$: Date d'échéance = ?

$VA_2$: Valeur actuelle de l'effet 2

$j_2$: Nombre de jours entre $T \ et \ T_2$

La durée entre la date $T$ =10 novembre et la date $T_1 =$ 30 novembre est égalé
Du 10 novembre au 30 novembre : 20 jours

$$J_1 = 20 \text{ jours}$$

$VA_1 = VA_2$

$$\Leftrightarrow C_1\left(1 - \frac{\tau \times j_1}{360}\right) = C_2\left(1 - \frac{\tau \times j_2}{360}\right)$$

$$\Leftrightarrow C_1 - \frac{C_1 \times \tau \times j_1}{360} = C_2 - \frac{C_2 \times \tau \times j_2}{360}$$

$$\Leftrightarrow 14.200 - \frac{14.200 \times 0,10 \times 20}{360} = 14.320 - \frac{14.320 \times 0,10 \times j_2}{360}$$

$$J_1 = 50 \text{ jours}$$

**Solution de l'exercice 1.17**

$C = 12.500\ DH \quad \tau = 9\%$

La durée réelle entre le 15 mars et le 5 mai :
15 mars au 31 mars : 16 jours
1 avril au 30 avril : 30 jours
1 mai 2020 au 5 mai : 5 jours

$$\text{Durée réelle} = 51\ jours$$

On déduit :

$$j = \text{Nombre de jours}$$
$$= \text{Durée de jours} + \text{jours de valeurs de la banque}$$

$$\boxed{j = 51 + 1 = 52\, jours}$$

L'escompte est donné par :

$$E = \frac{C \times \tau \times j}{360}$$
$$\Leftrightarrow \frac{12.500 \times 0{,}09 \times 52}{360}$$

$$\boxed{E = 162{,}50}$$

L'agio HT est donné par :

$$Agio(HT) = E + Commissions$$

$$\boxed{Agio\ (HT) = 163{,}50}$$

L'agio T.T.C est donné par :

$$Agio(TTC) = Agio(HT) \times TVA \Leftrightarrow 162{,}50 \times (1 + 0{,}10)$$

$$\boxed{Agio\ (T.T.C) = 178{,}75}$$

La valeur actuelle :

$$Valeur\ actuelle = Valeur\ nominale - E$$

$$\boxed{Valeur\ actuelle = 12.337{,}50}$$

La valeur actuelle nette :

$$Valeur\ actuelle\ nette = Valeur\ nominale - Agio(TTC)$$
$$\Leftrightarrow 12.500 - 178{,}75$$

$$\boxed{Valeur\ actuelle = 12.321{,}25}$$

## Exercices du chapitre 2

### Solution de l'exercice 2.1

Les données :

$$C_0 = 100000\ ; \quad n = 3\ ans; \quad \tau = 3\%\ annuel$$

La valeur acquise après 3 *ans* est donnée par :

$C_3 = C_0(1+\tau)^3 \Leftrightarrow \boldsymbol{C_3 = 109272{,}70}$

### Solution de l'exercice 2.2

Les données :

$$C_3 = 50000\ ; \quad n = 3\ ans; \quad \tau = 3{,}5\%$$

La valeur actuelle est donnée par :

$$C_0 = C_3(1+\tau)^{-3} \Leftrightarrow \boldsymbol{C_0 = 45097{,}14}$$

### Solution de l'exercice 2.3

Les données :

$C_0 = 200.000\ ; \quad n = 5\ ans; \quad C_5 = 250.000$

Le taux d'intérêt annuel $\tau$ est donné par :

$$C_5 = C_0(1+\tau)^5 \Leftrightarrow \tau = \sqrt[5]{\frac{C_5}{C_0}} - 1 \Leftrightarrow$$

$$\boldsymbol{\tau = 4{,}56\%\ annuel}$$

**Solution de l'exercice 2.4**
Les données :
$C_0 = 50000\ ;\ \tau = 4\%\ annuel;\ C_n = 60000$

La durée du placement peut être déduite de la relation :

$$C_n = C_0(1+\tau)^n \Leftrightarrow n = \frac{ln\left(\frac{C_n}{C_0}\right)}{ln(1+\tau)} \Leftrightarrow$$

$$\boldsymbol{n = 4,654\ ans}$$

**Solution de l'exercice 2.5**

Les données :
$C_0 = 150000\ ;\ \ n = 7\ semestres;\ \ \ \tau = 2{,}25\%\ annuel$
On a :

$$n = 7\ semestres = 1\ an + 1\ semestre = 1\ an + \frac{1}{2}\ an$$
$$= 1{,}5\ an.$$

On pose :

$$k = 1\ an \qquad \frac{p}{q} = \frac{1}{2}\ an$$

Méthode commerciale :

$$C_n = C_0(1+\tau)^n = C_0(1+\tau)^{k+\frac{p}{q}} \Leftrightarrow \boldsymbol{C_n = 155090,87}$$

Méthode rationnelle :

$$C'_n = C_0(1+\tau)^k\left(1+\tau\times\frac{p}{q}\right) \Leftrightarrow \boldsymbol{C'_n = 155100,47}$$

On remarque que :

$$C'_n \geq C_n$$

**Solution de l'exercice 2.6**
Données : $\tau_a = 6\%$ un taux annuel
Le taux semestriel $\tau_s$ est donné par :

$$\tau_s = (1+\tau_a)^{1/2} - 1 \Leftrightarrow \boldsymbol{\tau_s = 2,96\%}$$

Nous déduisons de la même manière $\tau_t$, $\tau_m$ et $\tau_j$ par les formules :

$$\tau_t = (1+\tau_a)^{1/4} - 1;$$
$$\tau_m = (1+\tau_a)^{1/12} - 1\,;$$
$$\tau_j = (1+\tau_a)^{1/360} - 1$$

On obtient :

$$\boldsymbol{\tau_t = 1,47\%}$$
$$\boldsymbol{\tau_m = 0,49\%}$$
$$\boldsymbol{\tau_j = 0,016\%}$$

**Solution de l'exercice 2.7**

Données : $n_1 = 2\ ans;\ \ n_2 = 3\ ans;\ \ \ n_3 = 5\ ans;\ \ n = 4$
$C_1 = 100000\,;\ \ C_2 = 120000\,;\ \ C_3 = 90000\,;\ \tau = 3{,}15\%$

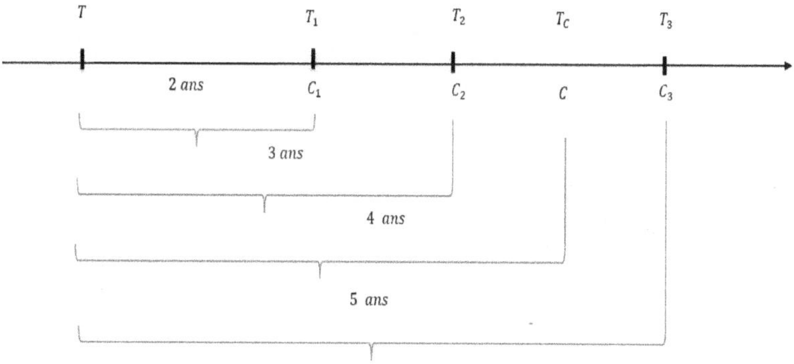


Le capital unique $C$ doit satisfaire :

$$C(1+\tau)^{-n} = \sum_{k=1}^{3} C_k(1+\tau)^{-n_k} \Leftrightarrow C = \frac{\sum_{k=1}^{3} C_k(1+\tau)^{-n_k}}{(1+\tau)^{-n}}$$
$$\Leftrightarrow$$
$$\boldsymbol{C = 317430,80}$$

**Solution de l'exercice 2.8**

Notons $\tau$ le taux d'intérêt annuel affiché aujourd'hui. Pour que les deux capitaux soient équivalents il faut qu'ils aient la même valeur actuelle aujourd'hui.

La première option consiste à recevoir 250.000 aujourd'hui :

La valeur actuelle de ce capital est donnée par :

$$\boxed{VA_1 = 250.000}$$

La deuxième option consiste à recevoir le capital 300.000 dans 2 ans :

La valeur actuelle de ce capital est donnée par :

$$\boxed{VA_2 = 300.000 \times (1+\tau)^{-2}}$$

La condition pour que les capitaux des deux options soient équivalents est :

$$VA_1 = VA_2$$

$$\Leftrightarrow 250.000 = 300.000 \times (1+\tau)^{-2}$$

$$\Leftrightarrow (1+\tau)^2 = \frac{300.000}{250.000}$$

$$\Leftrightarrow 1+\tau = \sqrt{\frac{6}{5}} \Leftrightarrow \tau$$

$$\Leftrightarrow \tau = \sqrt{\frac{6}{5}} - 1$$

$$\boxed{VA_2 = 300.000 \times (1+0{,}0954)^{-2} = 250.000}$$

**Solution de l'exercice 2.9**

Le couple investit le montant $M_1$ lorsque le benjamin a 2 ans. Ce dernier atteindra l'âge de 20 ans dans 18 ans. Le capital $M_1$ placé pendant les 18 ans devrait procurer 300.000 comme valeur acquise :

$$M_1 \times (1+\tau)^{18} = 300.000$$
$$\Leftrightarrow M_1 = \frac{300.000}{(1+\tau)^{18}}$$
$$\Leftrightarrow M_1 = \frac{300.000}{1{,}08^{18}}$$

$$\boxed{M_1 = 75.074{,}70}$$

Vérification :

$$\boxed{75.074{,}70 \times (1+0{,}08)^{18} = 300.000}$$

Le couple investit le montant $M_2$ lorsque l'aîné a 5 ans. Ce dernier atteindra l'âge de 20 ans dans 15 ans. Le capital $M_2$ placé pendant les 15 ans devrait procurer 300.000 comme valeur acquise :

$$M_2 \times (1+\tau)^{15} = 300.000$$
$$\Leftrightarrow M_2 = \frac{300.000}{(1+\tau)^{15}}$$
$$\Leftrightarrow M_2 = \frac{300.000}{1{,}08^{15}}$$
$$\boxed{M_2 = 75.074{,}70}$$

Vérification :

$$\boxed{94.572{,}50 \times (1+0{,}08)^{15} = 300.000}$$

**Solution de l'exercice 2.10**

Notons $\tau$ le taux d'intérêt annuel commun aux deux types d'abonnements.

L'abonnement d'un an suivi d'un renouvellement d'un an est équivalent à l'abonnement pour 2 ans si les deux types d'abonnements ont la même valeur actuelle aujourd'hui.
Abonnement d'un an suivi d'un renouvellement d'un an :
On paie 2.500 aujourd'hui pour l'abonnement de cette année et on paie 2.800 DH dans 2 ans pour le renouvellement de l'abonnement de la deuxième année. La valeur actuelle des deux montants (à la date d'aujourd'hui) est donnée par :

$$VA_1 = 2.500 + 2.800 \times (1 + \tau)^{-1}$$

Abonnement pour 2 ans :
On paie 5.000 aujourd'hui. La valeur actuelle de ce montant (à la date d'aujourd'hui) est :

$$VA_2 = 5.000$$

La condition pour que les deux types d'abonnement soient équivalents est :

$$VA_2 = VA_1$$
$$\Leftrightarrow 5.000 = 2.500 + 2.800 \times (1 + \tau)^{-1}$$
$$\Leftrightarrow 1 + \tau = \frac{2.800}{2.500}$$
$$\Leftrightarrow \tau = \frac{2.800}{2.500} - 1$$

$$\tau = 0,12 = 12\%$$

**Solution de l'exercice 2.11**
Schéma :

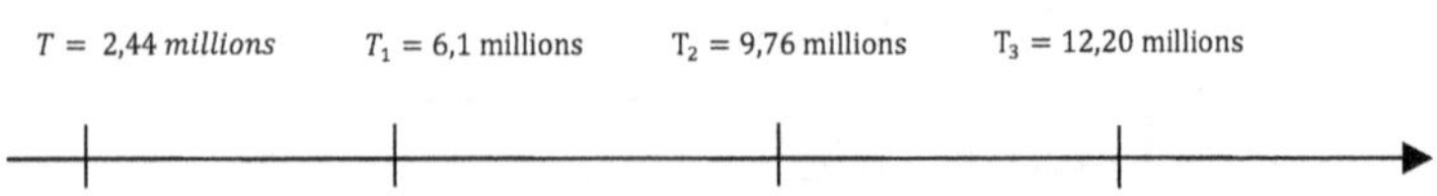


La valeur du contrat (en millions d'euros) aujourd'hui est la somme des valeurs actuelles des quatre capitaux qui seront perçus par le joueur :

$La\ valeur\ du\ contrat\ = 2{,}44 + 6{,}1 \times (1+\tau)^1 + 9{,}76 \times (1+\tau)^2 + 12{,}2 \times (1+\tau)^3$

$= 2{,}44 + 6{,}1 \times 1{,}1 + 9{,}76 \times 1{,}1^2 + 12{,}2 \times 1{,}1^3$

$$\boxed{La\ valeur\ du\ contrat\ = 37{,}20 \text{ Millions d'euros}}$$

Donc le contrat signé par ce joueur vaut 37,20 millions d'euros, soit presque 6,7 millions de plus que le montant cumulé des quatre capitaux.

**Solutions de l'exercice 2.12**

La valeur des opérations effectuées à la fin N+3 :

$$V = 250.000 \times (1+\tau)^4 - 100.000 \times (1+\tau)^3 - 5.000$$

A la fin de l'année N+3, le capital investi se monte à 240.030 dirhams. Donc :

$$V = 240.030 \Leftrightarrow$$
$$250.000 \times (1+\tau)^4 - 100.000 \times (1+\tau)^3 - 5.000 = 240.030 \Leftrightarrow$$
$$250.000 \times (1+\tau)^4 - 100.000 \times (1+\tau)^3 = 245.030 \Leftrightarrow$$
$$25.000 \times (1+\tau)^4 - 10.000 \times (1+\tau)^3 - 24.503 = 0$$

Cette équation peut être résolue approximativement par la méthode de dichotomie. Après plusieurs calculs on obtient :

$$\boxed{\tau = 0{,}11227 = 11{,}227\%}$$

**Solution de l'exercice 2.13**

1) Calculons $X$ et $Y$ :

On a : $$\boxed{X + Y = 800.000}$$

Calculons l'intérêt total des deux placements :

$$\begin{aligned} Total\ des\ Intérêts &= Intérêt\ produit\ par\ X + Intérêt\ produit\ par\ Y \\ &= (X \times (1+\tau)^6 - X) + (Y \times (1+\tau')^{12} - Y) \\ &\quad X \times (1{,}08)^6 - X + Y \times (1{,}0375)^{12} - Y \end{aligned}$$

$$Total\ des\ Intérêts = X \times (1{,}08)^6 + Y \times (1{,}0375)^{12} - (X+Y)$$

$$Total\ des\ Intérêts = X \times (1{,}08)^6 + Y \times (1{,}0375)^{12} - 800.000$$

On a d'autre part d'après :

$$\boxed{Total\ des\ Intérêts = 460.070{,}35}$$

On déduit :

$$X \times (1{,}08)^6 + Y \times (1{,}0375)^{12} - 800.000 = 460.070{,}35$$

$$\Leftrightarrow X \times (1{,}08)^6 + Y \times (1{,}0375)^{12} = 1.260.070{,}35$$

$$\Leftrightarrow X \times (1{,}08)^6 + 800.000 \times (1{,}0375)^{12} - X \times (1{,}0375)^{12} = 1.260.070{,}35$$

$$\Leftrightarrow X \times (1{,}08^6 - 1{,}0375^{12}) = 1.260.070{,}35 - 800.000 \times (1{,}0375)^{12}$$

$$\Leftrightarrow X \times 0{,}03141992 = 15.706{,}8849$$

$$\Leftrightarrow X = \frac{15.706{,}8849}{0{,}03141992}$$

$$\boxed{X = 499.901}$$

On déduit :

$$Y = 800.000 - X = 800.000 - 499.901 = 300.099$$

$$\boxed{Y = 300.099}$$

2) Le capital obtenu au bout de 6 ans est donné par :

$$Capital\ obtenu\ au\ bout\ des\ 6\ ans$$
$$= Capital\ +\ Total\ des\ Intérêts$$
$$= X + Y + Total\ des\ Intérêts = 800.000 + 460.070{,}35$$

$$\boxed{Capital\ obtenu\ au\ bout\ des\ 6\ ans\ = 1.260.070{,}35}$$

Ce capital est placé à intérêt composé pendant 5 ans et 7 mois au taux annuel de $\tau'' = 11\%$.

Calculons la valeur acquise de ce capital après 5 ans et 7 mois.

Pour calculer la valeur acquise de ce placement, la solution rationnelle consiste à appliquer les intérêts composés pendant les 5 ans et les intérêts simples pendant les 7 mois :

$$Valeur\ acquise\ au\ bout\ des\ 5\ ans\ et\ 7\ mois$$
$$= Capital\ obtenu\ au\ bout\ des\ 6\ ans\ \times (1 + \tau'')^5 \left(1 + \frac{7}{12}\tau''\right)$$

$$Valeur\ acquise\ au\ bout\ des\ 5\ ans\ et\ 7\ mois$$
$$= 1.260.070{,}35 \times (1 + 0{,}11)^6 \times \left(1 + \frac{7}{12} \times 0{,}11\right)$$

$$\boxed{Valeur\ acquise\ au\ bout\ des\ 5\ ans\ et\ 7\ mois = 2.508.085{,}38}$$

$$= 1.260.070{,}35 \times (1 + 0{,}11)^6 \times \left(1 + \frac{7}{12} \times 0{,}11\right)$$

**Solution de l'exercice 2.14**

Notons $C_0 = 500.000$ le capital déposé dans le compte de banque.

La première année : la banque crédite le compte au taux d'intérêt annuel $i$ ; la valeur acquise au bout de cette année est donnée par

$$\boxed{C_1 = C_0 \times (1 + i)}$$

La deuxième année : la banque crédite le compte au taux d'intérêt annuel $i + 0{,}01$ ; la valeur acquise au bout de cette année est donnée par

$$C_2 = C_1 \times \left(1 + (i + 0{,}01)\right) = C_1 \times (1{,}01 + i)$$
$$= C_0 \times (1 + i) \times (1{,}01 + i)$$

Après deux ans, le solde du compte est de 551.230,75. Donc :

$$C_2 = C_0 \times (1 + i) \times (1{,}01 + i) = 551.230{,}75$$
$$\Leftrightarrow 500.000 \times (1 + i) \times (1{,}01 + i) = 551.230{,}75$$
$$\Leftrightarrow (1 + i) \times (1{,}01 + i) = \frac{551.230{,}75}{500.000}$$
$$1{,}01 + i + 1{,}01i + i^2 = \frac{551.230{,}75}{500.000}$$
$$\Leftrightarrow i^2 + 2{,}01i + 1{,}01 = 1{,}1024615$$
$$i^2 + 2{,}01i - 0{,}0924615 = 0$$

Le discriminant de cette équation du second degré est donné par :

$$\Delta = 2{,}01^2 + 4 \times 0{,}0924615 = 4{,}409946 > 0$$

La seule solution positive est :

$$i = \frac{-2{,}01 + \sqrt{4{,}409946}}{2}$$

$$\boxed{i = 0{,}04499 = 4{,}499\%}$$

La troisième année : la banque crédite le compte au taux d'intérêt annuel $i - 0{,}005$ ; la valeur acquise au bout de cette année est donnée par

$$C_3 = C_2 \times (1 + i - 0{,}005)$$
$$= C_0 \times (1 + i) \times (1{,}01 + i)$$
$$\times (1 + i - 0{,}005)$$
$$\Leftrightarrow C_3 = 500.000 \times (1 + 0{,}04499) \times (1{,}01 + 0{,}04499)$$
$$\times (1 + 0{,}04499 - 0{,}005)$$

**Solution de l'exercice 2.15**

Schéma :

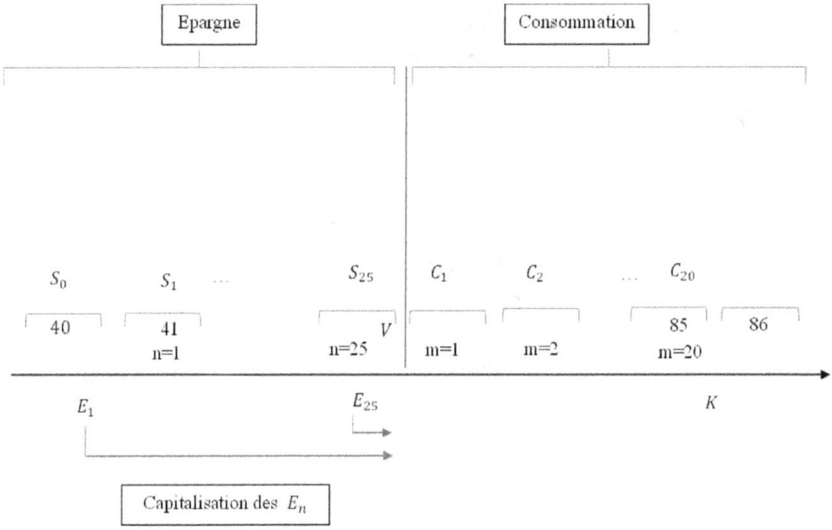


1) On note $S_0 = 400.000$ le salaire annuel actuel (année 0) et $S_n$ le salaire annuel de l'année $n$ pour $1 \leq n \leq 25$. On suppose que le salaire $S_n$ est reçu en début de l'année $n$.

Le salaire croit en moyenne de $r = 5\%$ l'an jusqu'à la retraite, c'est-à-dire :

$$S_n = S_{n-1} + r \times S_{n-1} = (1 + r) \times S_{n-1} = (1 + r)^n \times S_0$$
$$= 1{,}05^n \times S_0 = 1{,}05^n \times 400.000$$

Autrement dit, $(S_n)$ est une suite géométrique de raison $r = 1{,}05$ et de premier terme $S_0 = 400.000$.

Le premier versement d'épargne aura lieu le jour du $41^{\text{ème}}$ anniversaire, c'est-à-dire en début de l'année $n = 1$.
Pensant 25 ans (jusqu'à l'âge de 65 ans), le particulier épargne $r' = 10\%$ de son salaire chaque année. Notons $E_n$ le montant de l'épargne l'année $n$. On a donc pour $1 \leq n \leq 25$ :

$$E_n = r' \times S_n = r' \times (1+r)^n \times S_0$$
$$= 0{,}10 \times 1{,}05^n \times 400.000$$

Année $n = 1$ : Le particulier va épargner (à 41 ans)
Année $n = 2$ : Le particulier va épargner (à 42 ans)

$$E_2 = r' \times (1+r)^2 \times S_0$$

Cette épargne va être placée au taux annuel de $\tau$ =8 % jusqu'à la fin de l'année $n = 25$ (soit 24 ans) procurant la somme :

$$V_2 = E_2 \times (1+\tau)^{24}$$

Année $n$ : Le particulier va épargner

$$E_n = r' \times (1+r)^n \times S_0$$

Cette épargne va être placée au taux annuel de $\tau$ =8 % jusqu'à la fin de l'année $n = 25$ (soit $26 - n$ ans) procurant la somme :

$$V_n = E_n \times (1+\tau)^{26-n}$$
$$\vdots$$

Année $n = 25$ : Le particulier va épargner

$$E_{25} = r' \times (1+r)^{25} \times S_0$$

Cette épargne va être placée au taux annuel de $\tau$ =8 % jusqu'à la fin de l'année $n = 25$ (soit 1 an) procurant la somme :

$$V_{25} = E_{25} \times (1+\tau)^1$$

A l'issue de l'année $n = 25$, le particulier aura capitalisé la somme :

$$V = \sum_{n=1}^{25} V_n = \sum_{n=1}^{25} E_n \times (1+\tau)^{26-n}$$
$$= \sum_{n=1}^{25} r' \times (1+r)^n \times S_0 \times (1+\tau)^{26-n}$$

$$\Leftrightarrow V = S_0 \times r' \times (1+\tau)^{26} \times \sum_{n=1}^{25} \left(\frac{1+r}{1+\tau}\right)^n$$

$$= S_0 \times r' \times (1+\tau)^{26} \times \left(\frac{1+r}{1+\tau}\right) \times \sum_{n=0}^{24} \left(\frac{1+r}{1+\tau}\right)^n$$

$$\Leftrightarrow V = S_0 \times r' \times (1+\tau)^{26} \times \sum_{n=1}^{25} \left(\frac{1+r}{1+\tau}\right)^n$$

$$\Leftrightarrow V = S_0 \times r' \times (1+\tau)^{26} \times \left(\frac{1+r}{1+\tau}\right) \times \sum_{n=0}^{24} \left(\frac{1+r}{1+\tau}\right)^n$$

$$\Leftrightarrow V = S_0 \times r' \times (1+r) \times (1+\tau)^{25} \times \sum_{n=0}^{24} \left(\frac{1+r}{1+\tau}\right)^n$$

$$\Leftrightarrow V = S_0 \times r' \times (1+r) \times (1+\tau)^{25} \times \left[\frac{1-\left(\frac{1+r}{1+\tau}\right)^{25}}{1-\left(\frac{1+r}{1+\tau}\right)}\right]$$

$$\Leftrightarrow V = S_0 \times r' \times (1+r) \times (1+\tau) \times (1+\tau)^{25} \times \left[\frac{1-\left(\frac{1+r}{1+\tau}\right)^{25}}{\tau - r}\right]$$

$$\boxed{V = S_0 \times r' \times (1+r) \times (1+\tau) \times \left[\frac{(1+\tau)^{25} - (1+r)^{25}}{\tau - r}\right]}$$

Application numérique :

$$V = 400.000 \times 0{,}10 \times (1+0{,}05) \times (1+0{,}08) \times \left[\frac{(1+0{,}08)^{25} - (1+0{,}05)^{25}}{0{,}08 - 0{,}05}\right]$$

On déduit l'épargne constituée après capitalisation le jour du $65^{\text{ème}}$ anniversaire :

$$V = 5.234.725,83$$

2) La première consommation aura lieu le jour de son 66ème anniversaire.

Notons $C_m$ la consommation de l'année $m$ de la deuxième étape (20 ans : du 66ème anniversaire au 85ème anniversaire) pour $1 \leq m \leq 20$.
En tenant compte du taux d'inflation $t = 3\%$ on peut écrire : $2 \leq m \leq 20$

$$C_m = C_{m-1} + t \times C_{m-1} = (1+t)C_{m-1} = (1+t)^{m-1} \times C_1$$

C'est une suite géométrique de raison $1 + t$ et de premier terme $C_1$.
La contrainte d'héritage est satisfaite si la somme capitalisée $V$ le jour du 65ème anniversaire est égale à la somme des valeurs actualisées des consommations et du capital $K$ au jour du 65ème anniversaire :

$$V = \sum_{m=1}^{20} C_m (1+\tau)^{-(m-1)} + K \times (1+\tau)^{-20}$$

$$= \sum_{m=1}^{20} (1+t)^{m-1} \times C_1 (1+\tau)^{-(m-1)} + K \times (1+\tau)^{-20}$$

$$V = C_1 \times \sum_{m=1}^{20} \left(\frac{1+t}{1+\tau}\right)^{m-1} + K \times (1+\tau)^{-20}$$

$$\Leftrightarrow V = C_1 \times \sum_{m=0}^{19} \left(\frac{1+t}{1+\tau}\right)^{m} + K \times (1+\tau)^{-20}$$

$$V = \sum_{m=1}^{20} \left(\frac{1+t}{1+\tau}\right)^{m-1} + K \times (1+\tau)^{-20} \Leftrightarrow V$$

$$= C_1 \times \sum_{m=0}^{19} \left(\frac{1+t}{1+\tau}\right)^{m}$$

$$V = C_1 \times \left( \frac{1 - \left(\frac{1+t}{1+\tau}\right)^{20}}{1 - \left(\frac{1+t}{1+\tau}\right)} \right) + K \times (1+\tau)^{-20}$$

$$V = C_1 \times (1+\tau) \left( \frac{1 - \left(\frac{1+t}{1+\tau}\right)^{20}}{\tau - t} \right) + K \times (1+\tau)^{-20}$$

$$\boxed{C_1 = \frac{(1+\tau)^{-1} \times (\tau - t) \times (V - K \times (1+\tau)^{-20})}{\left(1 - \left(\frac{1+t}{1+\tau}\right)^{20}\right)}}$$

Application numérique :

$$C_1 = \frac{(1+0{,}08)^{-1} \times (0{,}08 - 0{,}03) \times (5.234.725{,}83 \; - 1.000.000 \times (1+0{,}08)^{-20})}{1 - \left(\frac{1+0{,}03}{1+0{,}08}\right)^{20}}$$

$= 379.452{,}81$

Donc la première consommation (au 66ème anniversaire) permettant le respect de la contrainte d'héritage est :

$$\boxed{C_1 = 379.452{,}81}$$

Les autres consommations se déduisent à partir de la formule :

$$2 \leq m \leq 20$$

**Solution de l'exercice 2.16**

$M_1$ : capital légué à l'héritier de 14 ans et demi
$M_2$ : capital légué à l'héritier de 11 ans
$M_3$ : capital légué à l'héritier de 6 ans et trois mois
$M$ : la somme reçue par chacun des héritiers à sa majorité

Avec :

$$M_1 + M_2 + M_3 = 25.000.000$$

Le montant $M_1$ légué à l'héritier de 14 ans et demi sera placé pendant 3 ans et demi jusqu'à l'atteinte de l'âge de 18 ans :

$$M_1 \times (1+\tau)^{3+\frac{1}{2}} = M \Leftrightarrow M_1 = M \times (1+\tau)^{-3,5}$$

Le montant $M_2$ légué à l'héritier de 11 ans sera placé pendant 7 ans jusqu'à l'atteinte de l'âge de 18 ans :

$$M_2 \times (1+\tau)^{7} = M \Leftrightarrow M_2 = M \times (1+\tau)^{-7}$$

Le montant $M_3$ légué à l'héritier de 6 ans et trois mois sera placé pendant 11 ans 9 mois jusqu'à l'atteinte de l'âge de 18 ans :

Or :

$$M_1 + M_2 + M_3 = 25.000.000$$

$$\Leftrightarrow M \times (1+\tau)^{-3,5} + M \times (1+\tau)^{-7} + M \times (1+\tau)^{-11-\frac{3}{4}} = 25.000.000$$

$$\Leftrightarrow M\left[(1+\tau)^{-3,5} + (1+\tau)^{-7} + (1+\tau)^{-11-\frac{3}{4}}\right] = 25.000.000$$

$$\Leftrightarrow M\left[(1,05)^{-3,5} + (1,05)^{-7} + (1,05)^{-11-\frac{3}{4}}\right] = 25.000.000$$

$$\Leftrightarrow M = \frac{25.000.000}{(1,05)^{-3,5} + (1,05)^{-7} + (1,05)^{-11-\frac{3}{4}}}$$

$$\boxed{M = 11.807.091,60}$$

C'est le montant que recevra chaque héritier à sa majorité est :

La somme léguée de 250.0000 sera répartie ainsi :
La somme léguée à l'héritier de 14 ans et demi est donnée par :

$$M_1 = M \times (1+\tau)^{-3,5} = 11.807.091,60 \times (1,05)^{-3,5}$$

$$\boxed{M_1 = 9.953.604,625}$$

La somme léguée à l'héritier de 11 ans est donnée par :

$$M_2 = M \times (1+\tau)^{-7} = 11.807.091,60 \times (1,05)^{-7}$$

$$\boxed{M_2 = 8.391.079,563}$$

La somme léguée à l'héritier de 6 ans et trois mois est donnée par :

$$M_3 = M \times (1+\tau)^{-11-\frac{3}{4}} = 11.807.091,60 \times (1,05)^{-11-\frac{3}{4}}$$

$$\boxed{M_3 = 6.655.315,808}$$

**Solution de l'exercice 2.16**

A la première étape, le montant $K$ est placé pendant 5 ans à intérêts composés à capitalisation mensuelle au taux mensuel de $\tau = 0,4\ \%$ procurant le capital :

$$M = K \times (1+\tau)^{5\times 12} = K \times (1+\tau)^{60}$$

Ce capital doit servir une rente mensuelle de 5.000 pendant 10 ans. Pour cela il faut que $M$ soit égal à la fin de la cinquième année au cumul des valeurs actuelles des 120 rentes mensuelles de 5.000 au taux mensuel de $\tau' = 0,5\ \%$ :

$$M = \sum_{j=1}^{120} 5.000 \times (1+\tau')^{-(j-1)}$$

$$K \times (1+\tau)^{60} = \sum_{j=1}^{120} 5.000 \times (1+\tau')^{-(j-1)}$$

$$\Leftrightarrow K = 5.000 \times (1+\tau)^{-60} \sum_{j=1}^{120} (1+\tau')^{-(j-1)}$$

$$\Leftrightarrow K = 5.000 \times (1+0{,}004)^{-60} \sum_{j=1}^{120} (1+0{,}005)^{-(j-1)}$$

$$\Leftrightarrow K = 5.000 \times 1{,}004^{-60} \sum_{j=1}^{120} 1{,}005^{-(j-1)}$$

$$K = 5.000 \times 1{,}004^{-60} \left( \frac{1 - 1{,}005^{-120}}{1 - 1{,}005^{-1}} \right) = 356.213{,}28$$

On déduit le montant $K$ devant être versé sur le compte rémunéré :

$$\boxed{K = 356.213{,}28}$$

Le montant obtenu à l'issu de de la cinquième année est donné par :

$$M = K \times (1+\tau)^{60} = 356.213{,}28 \times 1{,}004^{60}$$

$$\boxed{M = 452.619{,}10}$$

**Solution de l'exercice 2.17**

On pose :
$C_1 = 200.000$ $\qquad$ $C_2 = 500.000$

La somme capitalisée après quatre ans est donnée par :

$$V = C_1(1+i)^4 + C_2(1+i')^4$$

On a : $$V = 1.091.990{,}13$$

Donc :

$$C_1(1+i)^4 + C_2(1+i')^4 = 1.091.990{,}13$$

$$200.000 \times (1+i)^4 + 500.000 \times (1+i')^4 = 1.091.990{,}13$$

D'autre part, si le capital de 200.000 était placé au taux d'intérêt $i'$ et le capital de 500.000 dirhams était placé au taux d'intérêt $i$, alors la somme des deux valeurs acquises devient 1.121.590,56 :

$$500.000 \times (1+i)^4 + 200.000 \times (1+i')^4 = 1.121.590{,}56$$

On pose :

$$x = (1+i)^4$$
$$y = (1+i')^4$$

Résolvons le système linéaire :

$$\begin{cases} 200.000 \times x + 500.000 \times y = 1.091.990{,}13 \\ 500.000 \times x + 200.000 \times y = 1.121.590{,}56 \end{cases}$$

Le déterminant de la matrice du système est donné par :

On a :

$$\Delta = 4 \times 10^{10} - 25 \times 10^{10} = -21 \times 10^{10}$$

$$x = (1+i)^4 = \frac{1.091.990{,}13 \times 200.000 - 1.121.590{,}56 \times 500.000}{-21 \times 10^{10}}$$
$$= 1{,}630463114$$
$$= (1+i')^4 = \frac{1.121.590{,}56 \times 200.000 - 1.091.990{,}13 \times 500.000}{-21 \times 10^{10}}$$
$$= 1{,}531795014$$

On déduit :

$$= x^{1/4} - 1 = 1{,}630463114^{\frac{1}{4}} - 1 = 0{,}12998181$$

$$i = 0{,}12998 = 12{,}998\%$$

$$\Leftrightarrow i' = y^{\frac{1}{4}} - 1 = 1{,}5317950 14^{\frac{1}{4}} - 1 = 0{,}112500367$$

$$= 11{,}250\%$$

**Solution de l'exercice 2.17**

1) Les trois capitaux sont notés $C_i$ pour $1 \leq i \leq 3$. Ils forment une suite arithmétique de raison $r = 100$. Pour $2 \leq i \leq 3$ on a :

$$C_i = C_{i-1} + r \Leftrightarrow C_i = C_1 + (i-1)r$$

La valeur acquise du premier placement est donnée par :

$$V_1 = C_1 \times (1 + \tau_1)^3$$

L'intérêt de ce premier placement est donné par :

$$I_1 = V_1 - C_1 = C_1 \times (1 + \tau_1)^3 - C_1$$

La valeur acquise du deuxième placement est donnée par :

$$V_2 = C_2 \times (1 + \tau_2)^{2\times 3} = C_2 \times (1 + \tau_2)^6$$

L'intérêt de ce deuxième placement est donné par :

$$I_2 = V_2 - C_2 = C_2 \times (1 + \tau_2)^6 - C_2$$

Les intérêts produits par les deux premiers capitaux présentent une différence de 4.060,89 :

$$|I_1 - I_2| = 4.060{,}89$$
$$\Leftrightarrow |C_1 \times (1 + \tau_1)^3 - C_1 - C_2 \times (1 + \tau_2)^6 + C_2| = 4.060{,}89$$
$$\Leftrightarrow |C_1 \times (1 + \tau_1)^3 - C_1 - (C_1 + r) \times (1 + \tau_2)^6 + (C_1 + r)| = 4.060{,}89$$

$$\Leftrightarrow |C_1[(1+\tau_1)^3 - 1 - (1+\tau_2)^6 + 1] - r \times (1+\tau_2)^6 + r|$$
$$= 4.060{,}89$$
$$\Leftrightarrow |C_1[(1+\tau_1)^3 - (1+\tau_2)^6] - r \times (1+\tau_2)^6 + r| = 4.060{,}89$$
$$\Leftrightarrow |C_1[1{,}10^3 - 1{,}05^6] - 100 \times 1{,}05^6 + 100| = 4.060{,}89$$
$$\Leftrightarrow 0{,}009095641C_1 + 34{,}00956406 = 4.060{,}89$$
$$\Leftrightarrow 0{,}009095641C_1 + 34{,}00956406 = 4.060{,}89$$

$$\Leftrightarrow C_1 = \frac{4.060{,}89 - 34{,}00956406}{0{,}009095641}$$

$$\boxed{C_1 = 442.726{,}40}$$

On déduit le deuxième capital par :

$$C_2 = C_1 + r = 442.726{,}4044 + 100$$

$$\boxed{C_2 = 442.826{,}40}$$

et le troisième capital par :

$$C_3 = C_2 + r = 442.826{,}4044 + 100$$

$$\boxed{C_3 = 442.926{,}40}$$

2) Calculons la différence entre les intérêts produits par le deuxième capital et le troisième capital. Les valeurs acquises du deuxième placement et du troisième placement sont données par :

$$V_2 = C_2 \times (1+\tau_2)^{2\times 3}$$
$$V_3 = C_3 \times (1+\tau_3)^{4\times 3}$$

On déduit les intérêts du deuxième placement et du troisième placement par :

$$I_2 = V_2 - C_2 = C_2 \times (1 + \tau_2)^6 - C_2$$
$$I_3 = V_3 - C_3 = C_3 \times (1 + \tau_3)^{12} - C_3$$

L'écart entre les deux intérêts est donné par :

$$|I_2 - I_3| = |C_2 \times (1 + \tau_2)^2 - C_2 - C_3 \times (1 + \tau_3)^{12} + C_3|$$
$$= |C_2 \times [(1 + \tau_2)^2 - 1] - C_3 \times [(1 + \tau_3)^{12} - 1]|$$
$$= |442.826{,}4044 \times [1{,}05^2 - 1] - 442.926{,}4044 \times [1{,}025^{12} - 1]|$$
$$= |-107.370{,}66|$$
$$\Leftrightarrow |I_2 - I_3| = 107.370{,}66$$

3) On note $\tau$ le taux d'intérêt simple annuel. Nous devons avoir : Valeur acquise à intérêt simple = Valeur acquise à intérêt composé

$$\Leftrightarrow C_1 \times (1 + 3 \times \tau) = C_1 \times (1 + \tau_1)^3$$
$$\Leftrightarrow C_1 \times (1 + 3 \times \tau) = C_1 \times (1 + \tau_1)^3$$
$$\Leftrightarrow 1 + 3 \times \tau = (1 + \tau_1)^3$$

$$\boxed{\tau = \frac{(1 + \tau_1)^3 - 1}{3}}$$

D'où :

$$\tau = \frac{1{,}1^3 - 1}{3} = 0{,}1103 = 11{,}03\%$$

$$\boxed{\tau = 0{,}1103 = 11{,}03\%}$$

4) On note $n$ la durée du placement à intérêt simple. On cherche $n$ telle que :
La valeur acquise à intérêt simple au taux annuel de 10% pendant $n$ années = La valeur acquise à intérêt composé au taux annuel de 10% pendant 3 ans.

$$C_1 \times (1 + n \times \tau_1) = C_1 \times (1 + \tau_1)^3 \Leftrightarrow 1 + n \times \tau_1$$
$$= (1 + \tau_1)^3$$

$$\Leftrightarrow n = \frac{(1+\tau_1)^3 - 1}{\tau_1}$$

D'où

$$n = \frac{1{,}1^3 - 1}{1{,}1} = 0{,}301$$

$$\boxed{n = 0{,}301\ an}$$

# Exercices du chapitre 3

**Solution de l'exercice 3.1**

$\tau_{\text{a}} = 0{,}04;$ $\quad\quad a = 3000$ .

La durée de placement entre $1er\ Mai$ 2015 et le 1er Aout 2019 est $n_m = 52\ mois.$

La valeur acquise au 1er Aout 2019 est donnée par :

$$A'_{n_m} = a(1+\tau_m)\left(\frac{(1+\tau_m)^{n_m} - 1}{\tau_m}\right)$$

où $\tau_m$ est taux d'intérêt mensuel qui se déduit du taux annuel $\tau_a$ par :

$$\tau_m = (1+\tau_a)^{1/12} - 1$$

On déduit :

$$A'_{n_{\text{m}}} = a(1+\tau_{\text{a}})^{1/12}\left(\frac{(1+\tau_a)^{n_m/12} - 1}{(1+\tau_{\text{a}})^{1/12} - 1}\right) \Leftrightarrow$$

$$\boldsymbol{A'_{52} = 170318{,}67}$$

**Solution de l'exercice 3.2**

$n_m = 96\ mois;$ $\quad\quad a = 2000$ ;

La valeur acquise au dernier versement est égale $A_{96} = 280000$ .

Placement : 96 mensualités constantes de fin de mois.

Le taux d'intérêt mensuel $\tau_m$ se déduit de :

$$A_{n_m} = a\left(\frac{(1+\tau_m)^{n_m}-1}{\tau_m}\right) \Leftrightarrow$$

$$A_{96} = a\left(\frac{(1+\tau_m)^{96}-1}{\tau_m}\right) \Leftrightarrow$$

$$\mathbf{(1+\tau_m)^{96} - 140\tau_m - 1 = 0}$$

On cherche une solution approchée $0 < \tau_m < 1$ par la méthode dichotomique. Tous calculs faits sur calculatrice (ou Excel) on trouve :

$\boldsymbol{\tau_m = 0,007519469 = 0,75\ \%}$

On déduit le taux annuel par la formule :

$$\tau_a = (1+\tau_m)^2 - 1 \Leftrightarrow$$

$$\boldsymbol{\tau_a = 1,51\%}$$

**Solution de l'exercice 3.3**

$a = 5000\ DH$; $\tau_a = 3{,}75\%$;

$A'_{n_m} = 350000$ : valeur acquise 1 mois après le dernier versement.

$n_m$: le nombre de mensualités

Le nombre de mensualités $n_m$ peut se déduire de la formule :

$$A'_{n_m} = a(1+\tau_a)^{1/12}\left(\frac{(1+\tau_a)^{n_m/12}-1}{(1+\tau_a)^{1/12}-1}\right) \Leftrightarrow$$

$$n_m = \frac{12}{ln(1+\tau_a)} \times ln\left[\frac{A'_{n_m} \times \left((1+\tau_a)^{1/12}-1\right)}{a(1+\tau_a)^{1/12}} + 1\right] \Leftrightarrow$$

$$\boldsymbol{n_m = 63\ mensualités}$$

**Solution de l'exercice 3.4**

$n_m = 60\,mois;$ $\tau_a = 0{,}04;$ $A_{n_m} = 200.000\,DH$

La mensualité constante $a$ de fin de mois se déduit.

$$A_{n_m} = a\left(\frac{(1+\tau_m)^{n_m}-1}{\tau_m}\right)$$

où $\tau_m$ est taux d'intérêt mensuel qui se déduit du taux annuel $\tau_a$ par :

$$\tau_m = (1+\tau_a)^{1/12}-1$$

On déduit :

$$A_{n_m} = a\left(\frac{(1+\tau_a)^{n_m/12}-1}{(1+\tau_a)^{1/12}-1}\right) \Leftrightarrow$$

$$a = A_{n_m}\left(\frac{(1+\tau_a)^{1/12}-1}{(1+\tau_a)^{n_m/12}-1}\right)$$

$$\boldsymbol{a = 3022,11}$$

**Solutions de l'exercice 3.5**

$n_m = 36\,mois;$ $\tau_a = 0{,}07$

Le crédit demandé par l'acheteur constitue 70% du prix 240.000 d'achat de la voiture.

Donc la dette $A_0$ contractée à la date d'achat est :

$$A_0 = 240000 \times 0{,}70 = 168.000$$

La mensualité constante $a$ de début de remboursement se déduit de :

$$A_0 = a\left(\frac{1-(1+\tau_m)^{-n_m}}{\tau_m}\right)$$

où $\tau_m$ est taux d'intérêt mensuel qui se déduit du taux annuel $\tau_a$ par :

$$\tau_m = (1+\tau_a)^{1/12} - 1$$

On déduit :

$$A_0 = a\left(\frac{1-(1+\tau_a)^{-n_m/12}}{(1+\tau_a)^{1/12}-1}\right) \Leftrightarrow$$

$$a = A_0\left(\frac{(1+\tau_a)^{1/12}-1}{1-(1+\tau_a)^{-n_m/12}}\right) \Leftrightarrow$$

$$\boldsymbol{a = 5170,85}$$

**Solution de l'exercice 3.6**

$\tau_\mathrm{a} = 0{,}0375$ annuel
La compagnie d'assurance propose à un client pour sa retraite complémentaire à 60 *ans* en 2028 deux solutions.

**Solution 1** *:* A l'âge de 60 ans en 2028, le client partira à la retraite et percevra un capital $C = 900.000$ .

**Solution 2** *:* A l'âge de 60 ans en 2028, le client partira à la retraite et touchera une annuité constante $a$ de fin d'année jusqu'à son décès théoriquement supposé à l'âge de 80 ans, c'est-à-dire pendant 20 ans. On notera $n_\mathrm{a} = 20$ annuités.
On cherche l'annuité $a$ pour que les 2 solutions soient équivalentes. C'est-à-dire il faudrait que la valeur actuelle en 2028 (à 60 ans) des 20 annuités égales à $a$ soit égale au montant 900.000 de la 1ère solution :

$$\boldsymbol{C} = a\left(\frac{1-(1+\tau_{\mathrm{a}})^{-n_{\mathrm{a}}}}{\tau_{\mathrm{a}}}\right) \Leftrightarrow$$
$$a = \frac{C \times \tau_{\mathrm{a}}}{1-(1+\tau_{\mathrm{a}})^{-n_{\mathrm{a}}}}$$

$$\boldsymbol{a = 64765,89}$$

**Solution de l'exercice 3.7**

Taux d'intérêt annuel $\tau_a = 0{,}07$.

Option 1 : Règlement comptant de 110.000 à la date 0 et 97000 dans 3 *ans*.

$$VA_1 = 110.000 + 97.000(1+0{,}07)^{-3} \Leftrightarrow$$
$$\boldsymbol{VA_1 = 189180,89}$$

Option 2 : Règlement de 6 *annuités* constantes de fin d'année de montant $a = 40.000$, la première étant versée dans 2 *ans*.

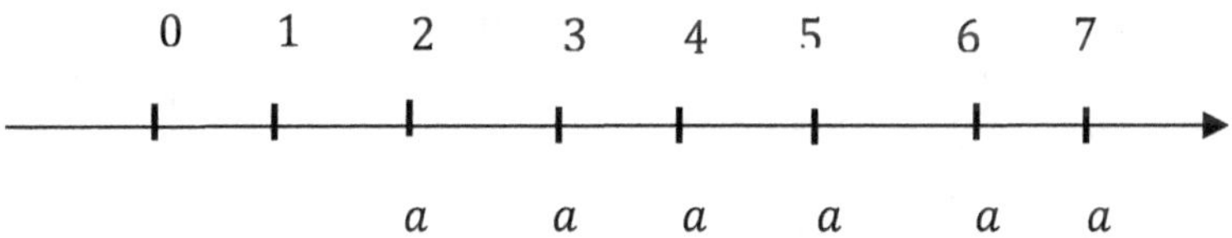


La valeur actuelle $VA_2$ à la date 0 des 6 annuités est donnée par :

$$VA_2 = a(1+\tau_a)^{-2} + a(1+\tau_a)^{-3} + a(1+\tau_a)^{-4}$$
$$+a(1+\tau_a)^{-5} + a(1+\tau_a)^{-6} + a(1+\tau_a)^{-7} \Leftrightarrow$$

$$\boldsymbol{VA_2 = 178188,40}$$

Option 3 : Règlement de 5 *annuités* de fin d'année en progression annuelle de 20%, la première égale à 30660. Autrement dit :

$$a_n = a_{n-1} + 20\% \times a_{n-1} = 1{,}20a_{n-1}$$

C'est une suite géométrique de raison 1,20 de premier terme :
On déduit :

$$a_1 = 30660$$
$$a_2 = 36792\,;\ \ a_3 = 44150{,}40\,;$$

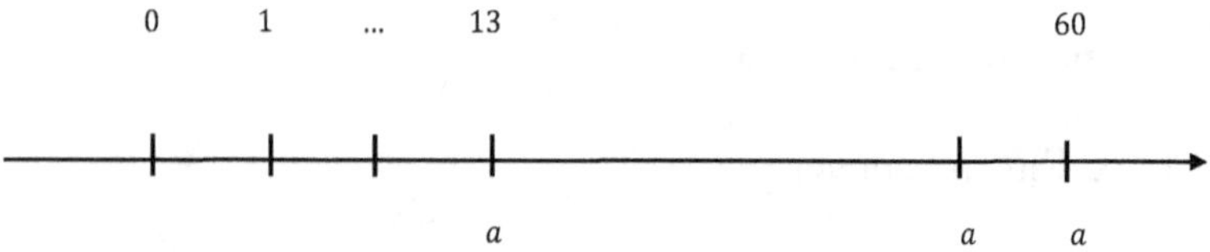


$$a_4 = 52980{,}48\,;\ a_5 = 63576{,}58$$

La valeur actuelle $VA_3$ des 5 *annuités* de fin d'année satisfait :

$$VA_3 = a_5(1+\tau_a)^{-5} + a_4(1+\tau_a)^{-4} + a_3(1+\tau_a)^{-3} + a_2(1+\tau_a)^{-2} + a_1(1+\tau_a)^{-1} \Leftrightarrow$$

$$\boldsymbol{VA_3 = 182577{,}42}$$

Option 4 : Un premier règlement de 50.000 à la date 0, suivi de $n_m = 48$ *mensualités* constantes de $a = 3.415$ , la première étant versée 13 *mois* après la date 0.

La valeur actuelle $VA_4$ à la date 0 est égale à 50000 $DH$ additionnée de la valeur actuelle des 48 *mensualités* :

$$VA_4 = 50000 + a(1+\tau_m)^{-13} + a(1+\tau_m)^{-14} + \cdots + a(1+\tau_m)^{-59} + a(1+\tau_m)^{-60} \Leftrightarrow$$

$$VA_4 = 50000 + a(1+\tau_m)^{-13}[1 + (1+\tau_m)^{-1} + \cdots + (1+\tau_m)^{-47}]$$

$$\boldsymbol{VA_4 = 233838{,}95}$$

La dette correspondant à la valeur actuelle minimale est :

$$VA_1 = 189180,89\ DH$$

Donc c'est l'option 1 que l'entreprise devrait choisir.

Exercices du chapitre 4

**Solution de l'exercice 4.1**

$C_0 = 350\,000\ DH$ ; $\tau = 0{,}075$ ; $n = 8$

L'annuité constante $a$ est donnée par :

$$a = \frac{C_0 \times \tau}{1-(1+\tau)^{-n}} \Leftrightarrow a = 59754{,}46$$

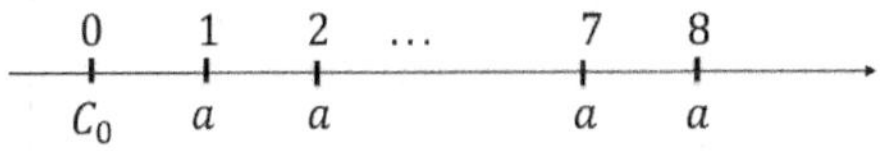


**Tableau d'amortissement :**

| **Période** $k$ | **Capital de début de période** $C_{k-1}$ | **Intérêt** $I_k = C_{k-1} \times \tau$ | **Amortissement** $M_k$ | **Annuité** $a_k = C_{k-1} \times \tau + M_k$ | **Capital de fin de période** $C_k = C_{k-1} - M_k$ |
|---|---|---|---|---|---|
| 1 | **350000,00** | 26250,00 | 33504,46 | 59754,46 | 316495,54 |
| 2 | 316495,54 | 23737,17 | 36017,29 | 59754,46 | 280478,25 |
| 3 | 280478,25 | 21035,87 | 38718,59 | 59754,46 | 241759,66 |
| 4 | 241759,66 | 18131,97 | 41622,48 | 59754,46 | 200137,18 |
| 5 | 200137,18 | 15010,29 | 44744,17 | 59754,46 | 155393,01 |
| 6 | 155393,01 | 11654,48 | 48099,98 | 59754,46 | 107293,02 |
| 7 | 107293,02 | 8046,98 | 51707,48 | 59754,46 | 55585,54 |
| 8 | 55585,54 | 4168,92 | 55585,54 | 59754,46 | **0,00** |

**Solution de l'exercice 4.2**

$C_0 = 300\,000\,DH\ ;\quad \tau = 0{,}08\ \ ;\quad n = 6$

On déduit l'amortissement $M$ par :

$$M = \frac{C_0}{n} = \frac{300.000}{6} = 50.000$$

**Tableau d'amortissement :**

| **Période** $k$ | **Capital de début de période** $C_{k-1}$ | **Intérêt** $I_k = C_{k-1} \times \tau$ | **Amortissement** $M$ | **Annuité** $a_k = C_{k-1} \times \tau + M_k$ | **Capital de fin de période** $C_k = C_{k-1} - M_k$ |
|---|---|---|---|---|---|
| 1 | **300000** | 24000 | 50000 | 74000 | 250000 |
| 2 | 250000 | 20000 | 50000 | 70000 | 200000 |
| 3 | 200000 | 16000 | 50000 | 66000 | 150000 |
| 4 | 150000 | 12000 | 50000 | 62000 | 100000 |
| 5 | 100000 | 8000 | 50000 | 58000 | 50000 |
| 6 | 50000 | 4000 | 50000 | 54000 | **0** |

**Solution de l'exercice 4.3**

On note :

$R = 960.000$ : Revenu annuel

$n = 5$: nombre d'annuités

$C_0$: Dette

1) L'annuité de remboursement maximale que le particulier peut verse est :

$$a_m = 0{,}30 \times \mathrm{R} = 0{,}30 \times 960.000 = 288.000$$

2) Déterminons la somme $C_0$ qu'il peut emprunter s'il s'engage à verser tous les ans, sur cinq ans, l'annuité maximale de remboursement $a_m$ :

$$C_0 = a_m \left( \frac{1 - (1 + \tau)^{-n}}{\tau} \right)$$

$$C_0 = 288.000 \times \left( \frac{1 - 1{,}04^{-5}}{0{,}04} \right) \Leftrightarrow$$

$$C_0 = 1.282.124{,}83$$

3) Dressons le tableau d'amortissement :

| **Période** $k$ | **Capital de début de période** $C_{k-1}$ | **Intérêt** $I_k = C_{k-1} \times \tau$ | **Amortissement** $M_k = a - I_k$ | **Annuité** $a_k = a$ | **Capital de fin de période** $C_k = C_{k-1} - M_k$ |
|---|---|---|---|---|---|
| 1 | 1.282.124,83 | 51.284,99 | 236.715,01 | 288.000,00 | 104.5.409,82 |
| 2 | 1.045.409,82 | 41.816,39 | 246.183,61 | 288.000,00 | 799.226,22 |
| 3 | 799.226,22 | 31.969,05 | 256.030,95 | 288.000,00 | 543.195,26 |
| 4 | 543.195,26 | 21.727,81 | 266.272,19 | 288.000,00 | 276.923,08 |
| 5 | 276.923,08 | 11.076,92 | 276.923,08 | 288.000,00 | 0,00 |

**Solution de l'exercice 4.4**

On note :

$a$ : annuité constante de la $1^{ère}$ phase

$M$: amortissement constant de la deuxième phase

$C_0 = 10.000.000$ : Dette initiale

Cherchons l'annuité constante $a$ de la première phase :

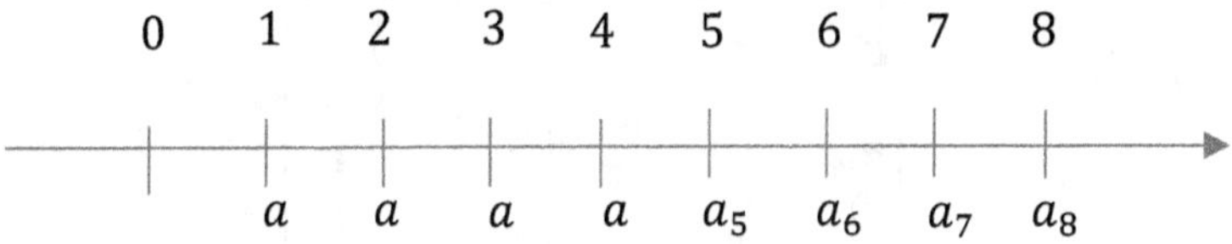


On a :

$$a = \frac{C_0 \times \tau}{1 - (1 + \tau)^{-n}}$$

$$a = \frac{10.000.000 \times 0,15}{1 - 1,15^{-8}}$$

$$a = 2.228.500,90 = 2.228.501$$

On peut dresser la première partie du tableau d'amortissement (4 annuités constantes)

| **Période** $1 \leq k \leq 4$ | **Capital de début de période** $C_{k-1}$ | **Intérêt** $I_k = C_{k-1} \times \tau$ | **Amortissement** $M_k = a - I_k$ | **Annuité** $a$ | **Capital de fin de période** $C_k = C_{k-1} - M_k$ |
|---|---|---|---|---|---|
| 1 | **10.000.000** | 1.500.000 | 728.501 | 2.228.501 | 9.271.499 |
| 2 | 9.271.499 | 1.390.725 | 837.776 | 2.228.501 | 8.433.723 |
| 3 | 8.433.723 | 1.265.058 | 963.442 | 2.228.501 | 7.470.281 |
| 4 | 7.470.281 | 1.120.542 | 1.107.959 | 2.228.501 | **6.362.322** |

Cherchons l'amortissement constant $M$ de la deuxième phase :
Le capital restant dû après versement des quatre annuités constantes a est égal à :

$$C_4 = 6.362.322$$

L'amortissement constant $M$ peut être obtenu par :

$$M = \frac{C_4}{4}$$

$$M = \frac{6.362.322}{4} = 1.590.580{,}50$$

On peut dresser la deuxième partie du tableau d'amortissement (4 amortissements constants)

| **Période** $5 \leq k \leq 8$ | **Capital de début de période** $C_{k-1}$ | **Intérêt** $I_k = C_{k-1} \times \tau$ | **Amortissement** $M$ | **Annuité** $a_k = C_{k-1} \times \tau + M$ | **Capital de fin de période** $C_k = C_{k-1} - M_k$ |
|---|---|---|---|---|---|
| 5 | **6.362.322,00** | 954.348,30 | 1.590.580,50 | 2.544.928,80 | 4.771.741,50 |
| 6 | 4.771.741,50 | 715.761,23 | 1.590.580,50 | 2.306.341,73 | 3.181.161,00 |
| 7 | 3.181.161,00 | 477.174,15 | 1.590.580,50 | 2.067.754,65 | 1.590.580,50 |
| 8 | 1.590.580,50 | 238.587,08 | 1.590.580,50 | 1.829.167,58 | **0,00** |

Le tableau d'amortissement complet est donné par :

| **Période $1 \leq k \leq 4$** | **Capital de début de période** $C_{k-1}$ | **Intérêt** $I_k = C_{k-1} \times \tau$ | **Amortissement** $M_k = a - I_k$ | **Annuité** $a$ | **Capital de fin de période** $C_k = C_{k-1} - M_k$ |
|---|---|---|---|---|---|
| 1 | **10.000.000** | 1.500.000 | 728.501 | 2.228.501 | 9.271.499 |
| 2 | 9.271.499 | 1.390.725 | 837.776 | 2.228.501 | 8.433.723 |
| 3 | 8.433.723 | 1.265.058 | 963.442 | 2.228.501 | 7.470.281 |
| 4 | 7.470.281 | 1.120.542 | 1.107.959 | 2.228.501 | **6.362.322** |
| **Période $5 \leq k \leq 8$** | **Capital de début de période** $C_{k-1}$ | **Intérêt** $I_k = C_{k-1} \times \tau$ | **Amortissement** $M$ | **Annuité** $a_k = C_{k-1} \times \tau + M$ | **Capital de fin de période** $C_k = C_{k-1} - M_k$ |
| 5 | **6.362.322,00** | 954.348,30 | 1.590.580,50 | 2.544.928,80 | 4.771.741,50 |
| 6 | 4.771.741,50 | 715.761,23 | 1.590.580,50 | 2.306.341,73 | 3.181.161,00 |
| 7 | 3.181.161,00 | 477.174,15 | 1.590.580,50 | 2.067.754,65 | 1.590.580,50 |
| 8 | 1.590.580,50 | 238.587,08 | 1.590.580,50 | 1.829.167,58 | **0,00** |

**Solution de l'exercice 4.5**

On note :

$M$: amortissement constant de la $1^{\text{ère}}$ phase

$a$ : annuité constante de $2^{\text{ème}}$ la phase

$C_0 = 10.000.000$ : Dette initiale

Cherchons l'amortissement constant $M$ de la $1^{\text{ère}}$ phase :

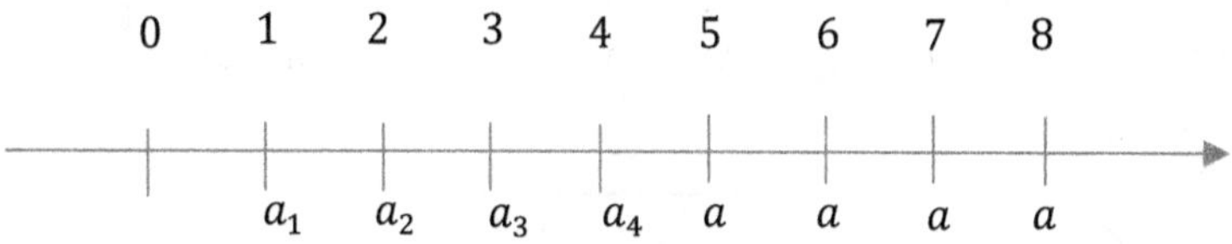


On a : $$M = \frac{C_0}{8}$$ $$M = \frac{10.000.000}{8} = 1.250.000$$

On peut dresser la première partie du tableau d'amortissement (4 amortissements constants)

| Période $1 \le k \le 4$ | Capital de début de période $C_{k-1}$ | Intérêt $I_k = C_{k-1} \times \tau$ | Amortissement $M$ | Annuité $a_k = C_{k-1} \times \tau + M$ | Capital de fin de période $C_k = C_{k-1} - M_k$ |
|---|---|---|---|---|---|
| 1 | 10.000.000 | 1.500.000 | 1.250.000 | 2.750.000 | 8.750.000 |
| 2 | 8.750.000 | 1.312.500 | 1.250.000 | 2.562.500 | 7.500.000 |
| 3 | 7.500.000 | 1.125.000 | 1.250.000 | 2.375.000 | 6.250.000 |
| 4 | 6.250.000 | 937.500 | 1.250.000 | 2.187.500 | 5.000.000 |

Cherchons l'annuité $a$ de la $2^{ème}$ phase :
Le capital restant dû après versement des quatre annuités de la $1^{ère}$ phase est égale à :

$$C_4 = 5.000.000$$

Ce capital représente la dette de la $2^{ème}$ phase de 4 annuités constantes de fin période.
L'annuité constante $a$ de la $2^{ème}$ phase est donnée par :

$$a = \frac{C_4 \times \tau}{1 - (1 + \tau)^{-4}}$$

$$a = \frac{5.000.000 \times 0,15}{1 - 1,15^{-4}} = 1.751.326,76$$

On peut dresser la deuxième partie du tableau d'amortissement (4 annuités constantes)

| **Période** $5 \leq k \leq 8$ | **Capital de début de période** $C_{k-1}$ | **Intérêt** $I_k = C_{k-1} \times \tau$ | **Amortissement** $M_k = a - I_k$ | **Annuité** $a$ | **Capital de fin de période** $C_k = C_{k-1} - M_k$ |
|---|---|---|---|---|---|
| 5 | 5.000.000,0 | 750.000,0 | 1.001.326,8 | 1.751.326,8 | 3.998.673,2 |
| 6 | 3.998.673,2 | 599.801,0 | 1.151.525,8 | 1.751.326,8 | 2.847.147,5 |
| 7 | 2.847.147,5 | 427.072,1 | 1.324.254,6 | 1.751.326,8 | 1.522.892,8 |
| 8 | 1.522.892,8 | 228.433,9 | 1.522.892,8 | 1.751.326,8 | 0,0 |

Tableau d'amortissement complet est donné par :

| Période $1 \leq k \leq 4$ | Capital de début de période $C_{k-1}$ | Intérêt $I_k = C_{k-1} \times \tau$ | Amortissement $M_k = a - I_k$ | Annuité $a$ | Capital de fin de période $C_k = C_{k-1} - M_k$ |
|---|---|---|---|---|---|
| 1 | 10.000.000 | 1.500.000 | 1.250.000 | 2.750.000 | 8.750.000 |
| 2 | 8.750.000 | 1.312.500 | 1.250.000 | 2.562.500 | 7.500.000 |
| 3 | 7.500.000 | 1.125.000 | 1.250.000 | 2.375.000 | 6.250.000 |
| 4 | 6.250.000 | 937.500 | 1.250.000 | 2.187.500 | 5.000.000 |
| **Période $5 \leq k \leq 8$** | **Capital de début de période** $C_{k-1}$ | **Intérêt** $I_k = C_{k-1} \times \tau$ | **Amortissement** $M$ | **Annuité** $a_k = C_{k-1} \times \tau + M$ | **Capital de fin de période** $C_k = C_{k-1} - M_k$ |
| 5 | 5.000.000,0 | 750.000,0 | 1.001.326,8 | 1.751.326,8 | 3.998.673,2 |
| 6 | 3.998.673,2 | 599.801,0 | 1.151.525,8 | 1.751.326,8 | 2.847.147,5 |
| 7 | 2.847.147,5 | 427.072,1 | 1.324.254,6 | 1.751.326,8 | 1.522.892,8 |
| 8 | 1.522.892,8 | 228.433,9 | 1.522.892,8 | 1.751.326,8 | 0,0 |

**Solution de l'exercice 4.6**

On pose $n = 180$ : nombre de mensualités $a$ : Mensualité constante $C_0$ : Dette initiale $\tau = 7\%$ : Taux annuel

$\tau_m = 7\%$ : Taux mensuel équivalent à $\tau$

Le banquier accepte un ratio mensualité/revenu de 30% signifie que :

$$\tau_m = (1+\tau)^{1/12} - 1 = (1+0{,}07)^{1/12} - 1 = 0{,}00565$$
$$= 0{,}565\ \%$$

Mensualité ≤ Revenu × 30%

Mensualité ≤ 5.400

Mensualité ≤ 18.000 × 0,30 ⇔

L'emprunt indivis étant effectué à mensualité constantes on déduit :

Donc on doit avoir :

$$a = \frac{C_0 \times \tau}{(1+\tau)^n - 1} \leq 5.400$$
$$= \frac{C_0 \times \tau}{(1+\tau)^n - 1}$$
$$C_0 \leq 5.400 \times \frac{(1+0{,}00565)^{15} - 1}{0{,}00565} = 84.283{,}33$$

**Solution de l'exercice 4.7**

Notations : $C_0$ : Dette initiale.

$n$ : nombre d'annuités.

$M_k$: Amortissement de la période $k$.

$I_k$ : Intérêt de la période $k$. $a$ : Annuité de la période $k$. $C_k$ : Capital restant de fin de période $k$.

1) Calculons le montant de la dette initiale.

L'intérêt contenu dans la 5ème annuité est donné par :

$$\boxed{I_5 = 62.630{,}78}$$

L'amortissement contenu dans la 5ème annuité est donné par :

$$\boxed{M_5 = 54.770{,}26}$$

On déduit l'annuité constante $a$ :

$$\boxed{a = M_5 + I_5}$$

$a$ = 54.770,26 + 62.630,78=117.401,04 ⇔

$$\boxed{a = 117.401{,}04}$$

Cherchons le taux d'intérêt annuel $\tau$ :
On sait que les amortissements forment une progression géométrique de raison $1 + \tau$ et de premier terme $M_1$ :

$$\boxed{M_k = M_1 \times (1 + \tau)^{k-1}} \qquad \boxed{M_1 = \frac{C_0 \times \tau}{(1+\tau)^n - 1}}$$

On connait l'amortissement contenu dans la 8[eme] annuité

$$\boxed{M_8 = 72.900{,}23}$$

On a :

$$\frac{M_8}{M_5} = \frac{M_1 \times (1 + \tau)^7}{M_1 \times (1 + \tau)^4} = (1 + \tau)^3 \Leftrightarrow$$

$$\boxed{\tau = \left(\frac{M_8}{M_5}\right)^{\frac{1}{3}} - 1}$$

$$\tau = \left(\frac{72.900{,}23}{54.770{,}26}\right)^{\frac{1}{3}} - 1 = 0{,}100005 \Leftrightarrow$$

$$\boxed{\tau = 0{,}10}$$

On déduit $C_0$ de la formule :

$$I_1 = C_0 \times \tau = a - M_1 \Leftrightarrow$$

$$\boxed{C_0 = \frac{a - M_1}{\tau}}$$

Or :

$$M_1 = \frac{M_5}{(1+\tau)^4}$$

Donc :

$$\boxed{C_0 = \frac{a - \frac{M_5}{(1+\tau)^4}}{\tau}}$$

$$C_0 = \frac{117.401{,}04 - \frac{54.770{,}26}{1{,}10^4}}{0{,}10} \Leftrightarrow$$

$$\boxed{C_0 = 799.922{,}15}$$

3) Cherchons le nombre d'annuités $n$ :

On a :

$$C_0 = a \times \left(\frac{1-(1+\tau)^{-n}}{\tau}\right) \Leftrightarrow$$

$$1-(1+\tau)^{-n} = \frac{C_0 \times \tau}{a} \Leftrightarrow$$

$$(1+\tau)^{-n} = 1 - \frac{C_0\tau}{a} \Leftrightarrow$$

$$(1+\tau)^{n} = \frac{1}{1-\frac{C_0\tau}{a}} \Leftrightarrow$$

$$n \times ln(1+\tau) = ln\left(\frac{1}{1-\frac{C_0\tau}{a}}\right) \Leftrightarrow$$

$$n = \frac{ln\left(\frac{1}{1-\frac{C_0\tau}{a}}\right)}{ln(1+\tau)}$$

$$n = \frac{ln\left(\frac{1}{1-\frac{799.922,15 \times 0,10}{117.401,04}}\right)}{ln(1,10)} = 32,93 \Leftrightarrow$$

$$\boxed{n = 32,93 \approx 33}$$

**Solution de l'exercice 4.8**

On pose : $n = 16$ $\quad C_0 = 1.000.000 \quad a = 120.000$

1) Calculons le montant de la 16ème annuité $a_{16}$: la dette $C_0$ est la valeur actuelle des 16 annuités

$C_0 = a(1+\tau)^{-1} + a(1+\tau)^{-2} + \cdots + a(1+\tau)^{-15} + a_{16}(1+\tau)^{-16} \Leftrightarrow$

$C_0 = a(1+\tau)^{-1}[1 + (1+\tau)^{-1} + \cdots + (1+\tau)^{-14}] + a_{16}(1+\tau)^{-16} \Leftrightarrow$

$$C_0 = a(1+\tau)^{-1}\left(\frac{1-(1+\tau)^{-15}}{1-(1+\tau)^{-1}}\right) + a_{16}(1+\tau)^{-16} \Leftrightarrow$$

$$a_{16} = \frac{C_0 - a\left(\frac{1-(1+\tau)^{-15}}{\tau}\right)}{(1+\tau)^{-16}} \Leftrightarrow$$

Application numérique :

$$a_{16} = 1,09^{16} \times \left[1.000.000 - 120.000 \times \left(\frac{1-1,09^{-15}}{0,09}\right)\right]$$

$$\boxed{a_{16} = 129.898,04}$$

Les deux premières et la dernière ligne du tableau d'amortissement

| Période $1 \leq k \leq 4$ | Capital de début de période $C_{k-1}$ | Intérêt $I_k = C_{k-1} \times \tau$ | Amortissement $M$ | Annuité $a_k = C_{k-1} \times \tau + M$ | Capital de fin de période $C_k = C_{k-1} - M_k$ |
|---|---|---|---|---|---|
| **1** | **1.000.000** | **90.000** | **30.000** | **120.000** | **880.000** |
| 2 | 880.000 | 79.200 | 40.800 | 120.000 | 839.200 |
| | | | | | |
| 16 | $C_{15}$ | | | 129.898,04 | 0 |

Le capital de début de période $C_{15}$ de la 16ème période s'écrit en fonction de l'annuité $a_{16} = a$

$$C_{15} = \frac{a_{16}}{1+\tau}$$

$$C_{15} = \frac{129.898,04}{1,09} = 119.172,51$$

On déduit les deux premières lignes et la dernière ligne du tableau d'amortissement :

| **Période** $1 \leq k \leq 4$ | **Capital de début de période** $C_{k-1}$ | **Intérêt** $I_k = C_{k-1} \times \tau$ | **Amortissement** $M$ | **Annuité** $a_k = C_{k-1} \times \tau + M$ | **Capital de fin de période** $C_k = C_{k-1} - M_k$ |
|---|---|---|---|---|---|
| **1** | **1.000.000** | **90.000** | **30.000** | **120.000** | **880.000** |
| 2 | 880.000 | 79.200 | 40.800 | 120.000 | 839.200 |
| | | | | | |
| 16 | $C_{15}$ | | | 129.898,04 | 0 |

**Solution de l'exercice 4.9**

Notion :

$C_0$ : Dette initiale $n = 6$ : nombre de mensualités

$M$ : Amortissement $a_k$ : mensualité de la période $k$

$C_k$ : Capital restant de fin de période $k$

$I_k$ : Intérêt de la période $k$ $\tau$ : Taux d'intérêt mensuel

1) Calculons le montant de l'amortissement constant $M$. On a :

$$M = a_5 - I_5$$

$$M = 68.560{,}25 - 6.060{,}25 = 62.500$$

2) Calculons la valeur du bien acheté et les capitaux restants dus.
Le prix du bien est égal à la dette $C_0$ :
Le capital restant du $C_k$ peut être calculé de la formule :

$$C_k = C_0 - k \times M = 375.000 - 1 \times 62.500$$

$$1 \leq k \leq 5$$

| | |
|---|---|
| $C_1$ | 312.500 |
| $C_2$ | 250.000 |
| $C_3$ | 187.500 |
| $C_4$ | 125.000 |
| $C_5$ | 62.500 |

3) Calculons le taux mensuel de l'emprunt. On a :

$I_5 = C_4 \times \tau \Leftrightarrow$

$$\tau = \frac{I_5}{C_4}$$

$$\tau = \frac{6.060{,}25}{125.000} = 0{,}04848 = 4{,}485\ \%$$

Complétons le tableau d'amortissement :

| **Période** $[k-1,k]$ | **Capital de début de période** $C_{k-1}$ | **Intérêt** $I_k = C_{k-1} \times \tau$ | **Amortissement** $M$ | **Annuité** $a_k = C_{k-1} \times \tau + M$ | **Capital de fin de période** $C_k = C_{k-1} - M$ |
|---|---|---|---|---|---|
| 1 | 375.000 | 18.180 | 62.500 | 80.680 | 312.500 |
| 2 | 312.500 | 15.150 | 62.500 | 77.650 | 250.000 |
| 3 | 250.000 | 12.120 | 62.500 | 74.620 | 187.500 |
| 4 | 187.500 | 9.090 | 62.500 | 71.590 | 125.000 |
| 5 | 125.000 | 6.060 | 62.500 | 68.560 | 62.500 |
| 6 | 62.500 | 3.030 | 62.500 | 65.530 | 0 |

**Solution de l'exercice 4.10**

Notations :

$K$ : Dette initiale $n = 5$ : nombre d'annuités

$C_k$ : Capital restant de fin de période $k$

$M_k$ : Amortissement de la période $k$

$I_k$ : Intérêt de la période $k$ $a_k$ : Annuité de la période $k$

1) Calculons $q$.

Les amortissements forment une progression géométrique de raison $q \neq 1 + i$ :

$$M_k = q \times M_{k-1} = q^{k-1} \times M_1$$

On sait que les intérêts de la deuxième année égaux à 459.450,90 et les intérêts de la quatrième année égaux à 251.550,90 :

$I_2 = 459.450{,}90$ $\qquad$ $I_4 = 251.550{,}90$

On a :

$$C_1 = K - M_1 = M_2 + M_3 + M_4 + M_5$$
$$C_3 = K - (M_1 + M_2 + M_3) = M_4 + M_5$$

On déduit :

$$\Leftrightarrow I_2 = C_1 \times i = (M_2 + M_3 + M_4 + M_5) \times i$$
$$\Leftrightarrow \frac{I_2}{I_4} = \frac{(M_2 + M_3 + M_4 + M_5) \times i}{(M_4 + M_5) \times i}$$
$$\Leftrightarrow \frac{(q^1 \times M_1 + q^2 \times M_1 + q^3 \times M_1 + q^4 \times M_1) \times i}{(q^3 \times M_1 + q^4 \times M_1) \times i}$$
$$\Leftrightarrow \frac{I_2}{I_4} = \frac{(M_2 + M_3 + M_4 + M_5) \times i}{(M_4 + M_5) \times i}$$

$$\frac{(q^1 \times M_1 + q^2 \times M_1 + q^3 \times M_1 + q^4 \times M_1) \times i}{(q^3 \times M_1 + q^4 \times M_1) \times i}$$
$$\frac{I_2}{I_4} = \frac{q^1 + q^2 + q^3 + q^4}{q^3 + q^4}$$
$$= \frac{1 + q + q^2 + q^3}{q^2 \times (1 + q)}$$
$$= \frac{\left(\frac{1 - q^4}{1 - q}\right)}{q^2 \times (1 + q)}$$

$$= \frac{1 - q^4}{q^2 \times (1 - q^2)}$$

$$\frac{1}{q^2} = \frac{I_2 - I_4}{I_4}$$

$$q^2 = \frac{I_4}{I_2 - I_4}$$

$$q = \sqrt{\frac{I_4}{I_2 - I_4}}$$

$$\text{q} = \sqrt{\frac{251.550{,}90}{459.450{,}90 - 251.550{,}90}} = 1{,}09998 \approx 1{,}10$$

2) Calculons le taux d'intérêt $i$ et le nominal de l'emprunt $K$. On sait que : le montant du 3ème amortissement, soit 1.210.000,

$$\text{M}_3 = 1.210.000$$

On a : $I_4 = (M_4 + M_5) \times i = (M_3 \times q + M_3 \times q^2) \times i = M_3 \times q \times (1 + q) \times i$

$$i = \frac{I_4}{M_3 \times q \times (1 + q)}$$

$$\text{i} = \frac{251.550{,}90}{1.210.000 \times 1{,}10 \times (1 + 1{,}10)} = 0{,}08999$$

$$= 8{,}999\ \%$$

On a :

$$K = M_1 + M_2 + M_3 + M_4 + M_5$$

$$\Leftrightarrow K = \frac{M_3}{q^2} + \frac{M_3}{q} + M_3 + M_3 \times q + M_3 \times q^2$$

$$= M_3 \times \left(\frac{1}{q^2} + \frac{1}{q} + 1 + q + q^2\right) K$$

$$K = M_3 \times \left(\frac{1 + q + q^2 + q^3 + q^4}{q^2}\right)$$

$$\text{K} = 1.210.000 \times \left(\frac{1 + 1{,}10 \ + 1{,}10^{\ 2} + 1{,}10^{\ 3} + 1{,}10^{\ 4}}{1{,}10^{\ 2}}\right)$$

$$= 6.105.100$$

Exercices du chapitre 5

**Solution de l'exercice 5.1**

$C_0 = 12750000$ ; $N_0 = 7500$; $n = 6$ ; $\tau = 0{,}12$
$m_1 = 1000, m_2 = 1200$, $m_3 = 1050$, $m_4 = 1250$, $m_5 = 1450, m_6 = 1550$

Nous pouvons déduire le prix de l'obligation par :

$$\boldsymbol{V} = \frac{C_0}{N_0} = \frac{12750000}{7500} = \mathbf{1700}$$

**Tableau d’amortissement**

| Année $k$ | CDP $C_{k-1}$ | Intérêt $I_k = C_{k-1} \times \tau$ | NOA $m_k$ | Amortissement $M_k = m_k \times V$ | Annuité $a_k = I_k + k$ | CFP $C_k = C_{k-1} - M_k$ |
|---|---|---|---|---|---|---|
| 1 | 12750000 | 1530000 | 1000 | 1700000 | 3230000 | 11050000 |
| 2 | 11050000 | 1326000 | 1200 | 2040000 | 3366000 | 9010000 |
| 3 | 9010000 | 1081200 | 1050 | 1785000 | 2866200 | 7225000 |
| 4 | 7225000 | 867000 | 1250 | 2125000 | 2992000 | 5100000 |
| 5 | 5100000 | 612000 | 1450 | 2465000 | 3077000 | 2635000 |
| 6 | 2635000 | 316200 | 1550 | 2635000 | 2951200 | 0 |
| | | | 7500 | 12750000 | | |

**Solution de l’exercice 5.2**

$C_0 = 32000000$; $N_0 = 16000$; $n = 6$; $\tau = 0{,}12$

L’annuité constante $a$ peut être déduite de la formule :

$$a = \frac{C_0 \times \tau}{1 - (1 + \tau)^{-n}} \Leftrightarrow$$

$$\boldsymbol{a = 7784223}$$

La valeur nominale de l'obligation $V$ est donnée par :

$$V = \frac{C_0}{N_0} \Leftrightarrow$$

$$\boldsymbol{V = 2000}$$

**Tableau d'amortissement**

| Année $k$ | CDP $C_{k-1}$ | Intérêt $I_k = C_{k-1} \times \tau$ | NOA $m_k$ | Amortissement $M_k = m_k \times V$ | Annuité $a_k = I_k + k$ | CFP $C_k = C_{k-1} - M_k$ |
|---|---|---|---|---|---|---|
| 1 | 32000000 | 3840000 | 1972 | 3944000 | 7784223 | 28056000 |
| 2 | 28056000 | 3366720 | 2208 | 4416000 | 7784223 | 23640000 |
| 3 | 23640000 | 2836800 | 2473 | 4946000 | 7784223 | 18694000 |
| 4 | 18694000 | 2243280 | 2770 | 5540000 | 7784223 | 13154000 |
| 5 | 13154000 | 1578480 | 3103 | 6206000 | 7784223 | 6948000 |
| 6 | 6948000 | 833760 | 3474 | 6948000 | 7784223 | 0 |
| | | | 16000 | 32000000 | | |

**Solution de l'exercice 5.3**

$N_0 = 16000; \qquad V = 2000; \qquad \tau = 0{,}12$

On déduit :

$$\boldsymbol{C_0} = N_0 \times V = \mathbf{32.000.000}$$
$$\boldsymbol{M} = m \times V = \mathbf{6.400.000}$$
$$\boldsymbol{m} = \frac{N_0}{n} = \mathbf{3200}$$

**Tableau d'amortissement**

| Année<br>$k$ | CDP<br>$C_{k-1}$ | Intérêt<br>$I_k = C_{k-1} \times \tau$ | NOA<br>$m_k$ | Amortissement<br>$M_k = m_k \times V$ | Annuité<br>$a_k = I_k + k$ | CFP<br>$C_k = C_{k-1} - M_k$ |
|---|---|---|---|---|---|---|
| 1 | 32000000 | 3840000 | 3200 | 6400000 | 10240000 | 25600000 |
| 2 | 25600000 | 3072000 | 3200 | 6400000 | 9472000 | 19200000 |
| 3 | 19200000 | 2304000 | 3200 | 6400000 | 8704000 | 12800000 |
| 4 | 12800000 | 1536000 | 3200 | 6400000 | 7936000 | 6400000 |
| 5 | 6400000 | 768000 | 3200 | 6400000 | 7168000 | 0 |

**Solution de l'exercice 5.4**

Données : $C_0 = 12.750.000$ ; $N_0 = 7.500$ ; $n = 6$ ; $i = 0,05$

$m_1 = 1.000,\ m_2 = 1.200,\ m_3 = 1.050,\ m_4 = 1.250,\ m_5 = 1.450, m_6 = 1.550$

Les obligations étant remboursées au pair, on a $R = VN$

Nous pouvons déduire la valeur nominale de l'obligation par :

$$VN = \frac{C_0}{N_0}$$

$$VN = \frac{12.750.000}{7.500} = 1.700$$

| Période $k$ | NOV-DP | Intérêt | NOA | Amortissement | Annuité $a_k = I_k + M_k$ | NOV-FP |
|---|---|---|---|---|---|---|
| $[k-1, k]$ | $N_{k-1}$ | $I_k = N_{k-1} \times VN \times i$ | $m_k$ | $M_k = m_k \times VN$ | $a_k = N_{k-1} \times VN \times i$ | $N_k = N_{k-1} - m_k$ |
| 1 | 7.500 | 637.500 | 1.000 | 1.700.000 | 2.337.500 | 6.500 |
| 2 | 6.500 | 552.500 | 1.200 | 2.040.000 | 2.592.500 | 5.300 |
| 3 | 5.300 | 450.500 | 1.050 | 1.785.000 | 2.235.500 | 4.250 |
| 4 | 4.250 | 361.250 | 1.250 | 2.125.000 | 2.486.250 | 3.000 |
| 5 | 3.000 | 255.000 | 1.450 | 2.465.000 | 2.720.000 | 1.550 |
| 6 | 1.550 | 131.750 | 1.550 | 2.635.000 | 2.766.750 | 0 |
| Somme | | | 7.500 | 12.750.000 | | |

**Solution de l'exercice 5.5**

Données : $C_0 = 15.000.000$ ; $N_0 = 6.000$; $n = 5$ ; $i = 0,05$

Les obligations étant remboursées au pair, on a $R = VN$.

La valeur nominale de l'obligation est donnée par :

$$VN = \frac{C_0}{N_0}$$

$$VN = \frac{15.000.000}{6.000} = 2.500$$

- **Tableau d'amortissement de la dette in fine :**

| Période $k$ | NOV-DP | Intérêt | NOA | Amortissement | Annuité $a_k = I_k + M_k$ | NOV-FP |
|---|---|---|---|---|---|---|
| $[k-1, k]$ | $N_{k-1}$ | $I_k = N_{k-1} \times VN \times i$ | $m_k$ | $M_k = m_k \times VN$ | $a_k = N_{k-1} \times VN \times i$ | $N_k = N_{k-1} - m_k$ |
| 1 | 7.500 | 637.500 | 1.000 | 1.700.000 | 2.337.500 | 6.500 |
| 2 | 6.500 | 552.500 | 1.200 | 2.040.000 | 2.592.500 | 5.300 |
| 3 | 5.300 | 450.500 | 1.050 | 1.785.000 | 2.235.500 | 4.250 |
| 4 | 4.250 | 361.250 | 1.250 | 2.125.000 | 2.486.250 | 3.000 |
| 5 | 3.000 | 255.000 | 1.450 | 2.465.000 | 2.720.000 | 1.550 |
| 6 | 1.550 | 131.750 | 1.550 | 2.635.000 | 2.766.750 | 0 |
| Somme | | | 7.500 | 12.750.000 | | |

# Bibliographie


Hamet Joanne. (2003). Les mathématiques financières. *E-theque.*

Mathé Armelle. (2015). L'essentiel des mathématiques financières. *Les carrés, 1ère édition, Gualino.*

Claude Annee., Gérard Chaigneau. (2010). Mathématiques financières, Gestion. *2éme édition, Ellipses.*

Benbachir Saâd. (2019). Cours des Mathématiques financières, licence d'excellence en sciences de gestion, semestre 2. *Faculté des sciences juridiques économiques et sociales Agdal, Université Mohammed V Rabat.*

Benbachir Saâd. (2020). Cours des Mathématiques financières, licence d'excellence en sciences de gestion, modules mathématiques de gestion 2. *Faculté des sciences juridiques économiques et sociales Agdal, Université Mohammed V Rabat.*

Katfi Ayoub. (2019). Travaux dirigés en mathématiques financières, licence d'excellence en sciences de gestion, semestre 2. *Faculté des sciences juridiques économiques et sociales Agdal, Université Mohammed V Rabat.*

Katfi Ayoub. (2020). Travaux dirigés en mathématiques financières, licence d'excellence en sciences de gestion, semestre 2. *Faculté des sciences juridiques économiques et sociales Agdal, Université Mohammed V Rabat.*

# Les auteurs

**Ayoub Katfi** Enseignant chercheur à l'Ecole de High-Tech Rabat, docteur en sciences de gestion à la faculté des sciences juridiques économiques et sociales Agdal, à Université Mohammed V Rabat (Maroc). Titulaire d'un master de recherche en sciences de gestion option finance, et d'une licence fondamentale option finance comptabilité à la FSJES Agdal. Enseignant vacataire à la FSJES Agdal.

**Oumaima El Mnouer** Enseignante Chercheure à l'Ecole de High-Tech Rabat, docteure en sciences de gestion à la faculté des sciences juridiques économique et sociales Agdal, Université Mohammed V Rabat (Maroc). Titulaire d'un master spécialisé en management stratégique des ressources humaines à la FSJES Agdal, et d'une licence professionnelle, option management et administration des entreprises à la FSJES Souissi. Enseignante vacataire à la FSJES Agdal.

**Otmane Katfi** docteur en sciences de gestion à la faculté des sciences juridiques économique et sociales Agdal, Université Mohammed V Rabat (Maroc). Titulaire d'un master spécialisé en conception et gestion des systèmes d'informations comptable à l'université de Reims Champagne-Ardernne, lauréat de l'ENCG de Tanger.

**Soufiane Benbachir** docteur en sciences de gestion à la faculté des sciences juridiques économique et sociales Agdal, Université Mohammed V Rabat (Maroc). Enseignant vacataire à la FSJES Agdal

**Hamza Katfi** docteur en sciences de gestion à la faculté des sciences juridiques économique et sociales Agdal, Université Mohammed V Rabat (Maroc). Titulaire d'un master spécialisé en management stratégique des ressources humaines à la FSJES Agdal, et d'une licence fondamentale en Economie et gestion à la FSJES Souissi.

**Sabrina Ghallal** Docteure en Sciences de Gestion et du Management, Université Paris Saclay, maître de Conférences CNU, Chercheure associée au LAREQUOI, Université de Versailles Saint-Quentin en Yvelines.

# Revue « Marché et Organisations »

*Promouvoir la recherche originale sur les relations de plus en plus étroites entre le marché et les organisations. Les acteurs économiques de taille, de puissance et de pouvoir différents dont les intérêts peuvent être convergents, complémentaires ou, le plus souvent, antagoniques, ont tendance à organiser les marchés. La raison du marché, pourtant, est la référence stratégique pour l'entreprise ainsi que pour les institutions publiques de décision économique.*

N°6 : Entrepreneuriat et accompagnement. Outils, actions et paradigmes nouveaux, 2008
N°7 : Développement durable des territoires. Economie sociale, environnement et innovations, 2008
N°8 : Développement durable et responsabilité sociale des acteurs, 2009
N°9 : Gouvernance : exercices de pouvoir, 2009
N°10 : Le travail collaboratif. Une innovation générique, 2009
N°11 : Economie sociale et solidaire. Nouvelles trajectoires d'innovations, 2010
N°12 : Relations à la marque et marques de la relation. Regards croisés sur le management relationnel de la marque, 2010
N°13 : Les contrats au service de la recherche ?, 2011
N°14 : Le potentiel économique de l'Afrique subsaharienne, 2011
N°15 : Management de la distribution, 2012
N°16 : Territoire Vert. Entreprises, Institutions, Innovations, 2012
N°17 : Eco-conception, conception et innovation. Les nouveaux défis de l'entreprise, 2013
N°18 : Intelligence économique : entreprises et territoires, 2013
N°19 : La finance globale. Un monde fini, 2013
N°20 : La crise du « développement », 2014
N°21 : La Chine innove. Politiques publiques et stratégies d'entreprise, 2014
N°22 : Go East! Nouvelles Economies de Marché, 2015
N°23 : L'économie du changement, 2015
N°24 : Le temps des artisans. Permanences et mutations, 2015
N°25 : Innovations de proximité et esprit d'entreprise, 2016
N°26 : L'avenir des économies du Maghreb : entre inertie structurelle et envie de rupture, 2016/3 (n° 27)
N°27 : Le sport aux frontières du marché du travail, 2016
N°28 : Dynamiques internationales des entreprises, 2017
N°29 : L'univers du risque, 2017
N°30 : Les petites entreprises dans l'histoire industrielle, 2017
N°31 : Economie sociale et *social business* ? Au défi d'entreprendre et se financer, 2018
N°32 : Éducation et fertilisation des économies africaines, 2018
N°33 : L'entrepreneuriat innovant dans les pays du Maghreb, 2018
N°34 : L'entrepreneuriat scientifique : institutions et innovation, 2019
N°35 : Le champ économique de la culture, 2019
N°36 : Economie sociale et solidaire ? Modèles d'innovation et modes de gouvernance, 2019
N°37 : Rethinking Luxury Business, 2020
N°38 : La santé connectée. Nouvelles technologies et réorganisation des soins, 2020
N°39 : Options stratégiques et systèmes complexes d'innovation, 2020
N°40 : Les services : intégration des systèmes productifs et lien social, 2021
N°41 : Crise pandémique, crise globale. Réalité et controverses théoriques, 2021
N°42 : La crise de la covid-19. Le marché et les organisations en perspective, 2021
N°43 : (Re)faire système. *Bug & reset*, 2022
N°44 : Aléas du marché et management du risque, 2022
N°45 : Le renouveau du transport et de la logistique : les systèmes d'information, 2022
N°46 : Entrepreneuriat et innovation dans l'enseignement supérieur, 2023
N°47 : Le tourisme créatif. Culture, créativité, patrimoine, management, 2023
N°48 : L'Afrique : questions de performances, 2023
N°49 : *Fintech* en sciences du management, 2024

**https://www.cairn.info/revue-marche-et-organisations.htm**

# Collection « L'esprit économique »

fondée par Sophie Boutillier et Dimitri Uzunidis en 1996

**Dernières parutions**

► ***Série Economie et Innovation***

T. MICHAUD, *Le projet spatial européen, entre pragmatisme et imagination*, 2020.
J.-P. SCHMITT, N. RAVIDAT, *Management conjoint de la technologie et de la personne. Pour performer et croitre*, 2020.
Y. EL YAHYAOUI, *Economie des plateformes numériques. Captation de la valeur, pouvoir de marché et communs collaboratifs*, 2021.
G. DUTHIL, *Handicap et insertion professionnelle*, 2022.
T. MICHAUD, *La science-fiction institutionnelle*, 2023.

► ***Série Le Monde en Questions***

J. PIERRE-JUSTIN VIRAPATIRIN, *La petite économie insulaire de la Guadeloupe. Bilan, enjeux et perspectives*, 2022.
K. ESSAF, *Les Sukuk : aspects théoriques, rendement et risques*, 2022.
C. GALLOUJ, S. GALLOUJ, *Grande distribution non alimentaire au Maroc. GSS, grands magasins, malls, franchises et e-commerce*, 2023.
C. SARI, *Valeur relative de la monnaie et taux de change. Vers la fin de l'étalon dollar ?*, 2023.
G. DUTHIL, N. POLINI, *La Défense nationale*, 2023.
A. DAGHER, *La crise financière du Liban : taux de change, FMI, politique monétaire*, 2023.
G. BAYOH, *Ecosystème des transferts internationaux d'argent et développement durable : Contraintes et solutions*, 2024.

► ***Série Krisis***

R. DELORME, *La complexité autrement. Une réponse nouvelle à la pandémie et à d'autres phénomènes sociaux complexes*, 2022.
V. YEFIMOV, *L'ordre social monétaire. L'économie discursive défit le courant dominant et l'économie narrative*, 2022.
M. WIELEZYNSKI, *La loi du marché post-esclavagiste. Une approche critique*, 2023.
G. MINART, *Condorcet économiste : un libéralisme économique au service du bien public*, 2023.
A. MANRAY, *Petit traité de gouvernance à l'usage des despotes éclairés*, 2024.

► ***Série Clichés***

S. BOUTILLIER, D. UZUNIDIS (dir.), *La Russie européenne. Du passé composé au futur antérieur*, 2008.
R. VOLPI, *La négociation. Pain, paix, liberté*, 2009.
B. S. BONBON, *Géométrie parabolique tridimensionnelle ou perspective parabolique*, 2023.

► ***Série Cours Principaux***

B. LANDAIS, *Macroéconomie efficace. Croissance et crises*, 2020.
A. MBULI LANDU, *Le memo d'un comptable. Approche par le SYSCOHADA révisé*, 2021.
M. EL KARRIM, *Introduction à l'économétrie appliquée*, 2022.
Z. FIRANO, *Fondements de la finance de marché. Théories et applications*, 2022.
Y. KEHO, *Introduction à l'économétrie appliquée sous EVIEWS, Rappels de cours et illustrations pratiques*, 2023.
K. AMZILE, *Intelligence artificielle et modélisation du risque de crédit*, 2023.
B. LANDAIS, *Macroéconomie. Les fondamentaux*, 2024.

► ***Série L'économie formelle***

E. CARREY, H. LANDIER, *Après la guerre contre la Covid : de l'économie financière a l'entrepreneuriat social*, 2021.
J. LATREILLE, *Sale temps pour l'économie marchande*, 2021.
J. LATREILLE, *Escronomistes ! Ces théories qui abîment le monde*, 2022.
M. FOUQUIN, *Dettes publiques à long terme et souveraineté nationale : enseignements des crises du XIIe au XXIe siècle*, 2023.
J.-P. ROSELLO, *Marchés financiers, capital financier et crises systémiques*, 2024.
J.-L. VILLOUTREIX, *L'eau coule à Aguad : un conte économique*, 2024.
B. MEUNIER, *L'insoutenable dette publique de la France*, 2024.

## Structures éditoriales du groupe L'Harmattan

**L'Harmattan Italie**
Via degli Artisti, 15
10124 Torino
harmattan.italia@gmail.com

**L'Harmattan Hongrie**
Kossuth l. u. 14-16.
1053 Budapest
harmattan@harmattan.hu

---

**L'Harmattan Sénégal**
10 VDN en face Mermoz
BP 45034 Dakar-Fann
senharmattan@gmail.com

**L'Harmattan Cameroun**
TSINGA/FECAFOOT
BP 11486 Yaoundé
inkoukam@gmail.com

**L'Harmattan Burkina Faso**
Achille Somé – tengnule@hotmail.fr

**L'Harmattan Guinée**
Almamya, rue KA 028 OKB Agency
BP 3470 Conakry
harmattanguinee@yahoo.fr

**L'Harmattan RDC**
185, avenue Nyangwe
Commune de Lingwala – Kinshasa
matangilamusadila@yahoo.fr

**L'Harmattan Congo**
219, avenue Nelson Mandela
BP 2874 Brazzaville
harmattan.congo@yahoo.fr

**L'Harmattan Mali**
ACI 2000 - Immeuble Mgr Jean Marie Cisse
Bureau 10
BP 145 Bamako-Mali
mali@harmattan.fr

**L'Harmattan Togo**
Djidjole – Lomé
Maison Amela
face EPP BATOME
ddamela@aol.com

**L'Harmattan Côte d'Ivoire**
Résidence Karl – Cité des Arts
Abidjan-Cocody
03 BP 1588 Abidjan
espace_harmattan.ci@hotmail.fr

---

## Nos librairies en France

**Librairie internationale**
16, rue des Écoles
75005 Paris
librairie.internationale@harmattan.fr
01 40 46 79 11
www.librairieharmattan.com

**Librairie des savoirs**
21, rue des Écoles
75005 Paris
librairie.sh@harmattan.fr
01 46 34 13 71
www.librairieharmattansh.com

**Librairie Le Lucernaire**
53, rue Notre-Dame-des-Champs
75006 Paris
librairie@lucernaire.fr
01 42 22 67 13

www.ingramcontent.com/pod-product-compliance
Lightning Source LLC
LaVergne TN
LVHW021230061026
849535LV00008B/3008
* 9 7 8 2 3 3 6 4 3 0 8 3 6 *